# 乗り遅れたホームの上で

江沢よし
EZAWA Yoshi

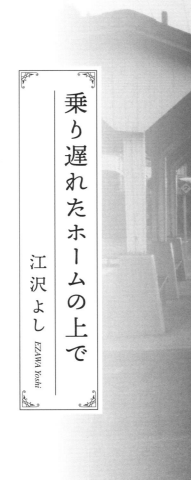

文芸社

乗り遅れたホームの上で　◇　目　次

# プロローグ

## シャッターアート

シャッターを下ろした店舗の前が、なごやかな憩いのスペースに様変わりしている。とはいっても、古びた商店街の狭い路地にテーブルや椅子が並べられているわけではない。店の前の一角に温もりを与えているのは、路地に面して下りた幅四メートルほどのシャッター自身。その全面に描かれたシャッターアートだ。

明るい白色で塗り上げられたシャッターは、いわば巨大なキャンバス。画面中央に木でできた小椅子が二脚描かれ、それぞれ三毛猫と茶色いクマがこちら向きに腰かけている。三毛は膝に大好きなケーキを抱え、クマの方は愛おしそうに子グマを抱きかかえてかしこまっている。お行儀よく座っている姿は、並んで記念撮影に臨む家族みたいだ。だが、写真を撮ってやるつもりになって見直すと、向かって右横に一人ぶんの空きがあるのに気づく。空きスペースの宙には、赤、黄、青の風船が浮かぶ。三つの風船から垂れた紐は束ねられているのだが、その端をつかんで一緒に写真におさまるはずの人が描かれていない。

スマホを手にした人は、連れの人に言うだろう。

「風船の紐をつかむ感じでクマの横に立ってくれると、ええ具合の写真になるわ」

風船のさらに右手を見ると、地面には一つのテーブルをはさんで切り株が二つ。テーブルには大きなケーキと二つのティーカップが置かれているが、二つの切り株席は空席のままだ。

シャッターアート

テーブルや切り株席の上では、大きな窓が開け放たれている。窓際にはタヌキのおばあさんが立ち、気球に乗って訪ねてきた薄桃色の子ウサギを笑顔で迎えている。子ウサギとタヌキのおばあさんは窓際で一緒にミルクを飲んでいるようだ。そう思いながら下のテーブルに視線を戻すと、ケーキをはさんで置かれた二つのティーカップの動きに気づく。透明人間が手に取っているかのように、カップは傾きはじめているのだ。

　通りかかった二人連れは、これを見て思うはず。

「あのカップ、ウチらが切り株に腰かけて持つポーズすれば、みんなでお茶する場面のできあがりや」

　先ほどの三毛とクマを挟んで画面の左には、大きな木がどっしりと生えている。元気よく伸びた枝には、生い茂る葉や花のかたまりが、緑や青、ピンク、黄色の大きな楕円で描かれている。このカラフルな枝ぶりの下の地面にもテーブルが置かれ、横には車椅子に腰かけたグレーの犬。鼻眼鏡のおじいさん犬は、テーブルのティーカップをつかんでお茶を飲もうとしている。差し向かいにもう一つのティーカップが置かれているのだが、この切り株席にも腰かけている人はいない。これまた主のいないティーカップは、誰かが飲みかけているように傾きはじめたところだ。

通りがかりのお父さんお母さんは、手を引いたわが子にこう声をかけるかもしれない。

「アンタがあそこへ入って、じいちゃん犬のお茶のお相手したって」

通りすがりの人を絵の構図の中に誘う仕掛けを読み解いてから、木立を見直して気づく。枝に生い茂るカラフルな楕円と見えたのは、マンガでおなじみの「吹き出し」の形をしている。色分けられた吹き出しは、この一角に集う人や動物が交わすことばの数々。にぎわいの中に生まれた会話が、さまざまな色となって枝に咲いていたのだ。

風船の紐をつかむポーズで立ったり、空いている切り株席の前でカップを持つふりをしたり。多彩なキャラクターの間に自分や友人を収める構図は、いかにもインスタ映えに敏感な若い世代らしい。考えたのも描いたのも地元の中学生たち。構想の妙と絵のクオリティの高さに感心する私は、このシャッターアート企画の立ち上がりの時のことを思い出す。

あの時、あの話を、中学生たちは受け止めてくれたんだな。

二〇二〇年（令和二年）、また何枚かの新たなシャッターアートが大阪府高槻《たかつき》市郊外の小さな商店街、山手一番街に生まれた。各店舗のシャッターに手分けして絵を描いてくれたのは、商店街に隣接する高槻市立第九中学校（以下、「九中」）の生徒たち。私にとっては、母校の後輩たちでもある。

かつてにぎわった山手一番街も、誕生から半世紀近くを経てシャッター街化している。それをなんとかしようと、「シャッター街になってしまった商店街に九中生二二〇人で命を吹き込もう！」という企画が最初に立ち上がったのは二〇一三年（平成二五年）だった。地元中学生のアートの力で商店街の活性化を。その趣旨に賛同してくれた店舗のシャッターに、中学生たちが手分けして絵を描く。翌一四年（平成二六年）にも実施された企画は、五年の間を置いた後、二〇年に三回目を迎えた。

二〇年の企画では山手一番街の商人会（商店会）をはじめとする地域住民と九中生との間でディスカッションの場を持ち、描く絵のテーマを掘り下げてもらった。今回のテーマは「つながりとにぎわい」。さびれた商店街の活性化という願いが込められているのはもちろんだが、託された思いはそれだけではない。

例えば、動物キャラたちが集う先ほどの絵が描かれた店舗。かつては喫茶店だったのだが、じつを言うと今は閉店して空き店舗だ。建物の持ち主のご厚意で、私はここを社会福祉活動に取り組む今井さんとともに、不登校者の会や詩吟教室などを開催するフリースペース、地域住民の憩いの場として活用しようと模索中だ。その今井さんが、テーマについての話し合いの場で中学生に語りかけていたのは、「にぎわい」という言葉に託す思いだった。

障がいの有無に関係なく、あるいは、高齢者であっても若い人であっても、違いを超えた「にぎわい」がつくりだせたらいいですよね。今井さんは、およそこんな話をしてくれた。

なるほど「にぎわい」という言葉には、人混みや雑踏とは違う響きがある。人がたくさんいても、私たちは満員電車を指して「にぎわい」とは呼ばない。山手一番街の周辺地域に住む人だけを見ても、障がいの有無や年齢、世帯の構成などはじつにさまざまだ。こうしたさまざまな違いを超えた「つながり」があってこその「にぎわい」。地域の商店街というところは、そんな「つながりとにぎわい」が生み出される場でもある。そのイメージを、あの一枚のシャッターアートは描き出していたのだ。

## 山手一番街

ここで改めて場所の説明をしておこう。山手一番街は私が生まれ育った地元の商店街であるだけでなく、この地域こそがこれから本書で語る私の歩みの足場、話の主要な舞台の一つでもある。

大阪府北東部の一角を占める高槻市は、JRと阪急、二つの駅を拠点にして市街地中心地域を発展させてきた。中心地域を貫く街道の一つ、枚方《ひらかた》亀岡線（府道六号）に入って一〇分も車で北上すると、正面には遠い山並みが見え隠れしはじめる。山並みの向こうは京都府、丹波地方南部の亀岡市だ。街道はこの山並みを目指し、「城山」とも呼ばれる三好山《みよしやま》（芥川山城跡）とそれに連なる山々の東側を駆け抜けていく。

中心街を過ぎればすぐに高い建物はまばらになり、車窓の外では街道沿いのコンビニや医院、薬局、飲み屋やバイク店などの看板が次々に流れ去っていく。街道の一歩外側に広がるのは、かつての「新興」住宅地。高度経済成長期、古くから点在していた農村集落を飲み込みながら造成されたベッドタウンだ。

農村地帯だった時代から残る安岡寺というお寺近くに車がさしかかったあたりで、街道の左手に「内装・リフォーム」という文字が書かれた看板が見える。先年まで私が代表取締役として経営し、今は顧問を務める「株式会社　装英」の本社・店舗だ。車を停めて社屋のすぐ横を見ると、細い路地が街道に向かって口を開けている。車一台がなんとか通れるかどうかという狭い路地。その両側に店舗が並び、頭上にはアーケードがかかる。街道に面したアーケード街正面のアーチには、「山手一番街」という大きな文字が掲げられている。

山手一番街は二ブロック、一〇〇メートル足らずの細長い商店街だ。地元の松が丘をはじめ、城山に連なる裾野に開けた東城山町、街道をはさんだ安岡寺町といった住宅地の造成や拡張に合わせ、一九七五年（昭和五〇年）にオープンした。最盛期には三〇軒を超える店舗がずらりと並び、アーケードの下を大勢の買い物客が行き交った。続々と移り住んできたベッドタウンの住民たちの日常を、この商店街が支えていたのだ。

だが、全国どこの都市でも、市街地中心地域の発展や大規模店舗の出店などで、住宅地の商店街からは客足が遠のいた。山手一番街も例外ではなく、二〇〇〇年代には商店数が最盛期の半分以下にまで減った。アーケードから射し込む薄日の下で多くの店のシャッターが下りた山手一番街は、これも全国至るところで見られるシャッター街の一つとなった。

「江沢さん、あの商店街で何かできることないでしょうか?」

九中の美術科教員（当時）・小林大志先生が、私にそんな言葉をかけてきたのが二〇一三年（平成二五年）だった。私が二〇〇九年（平成二一年）から関わっている「たかつきアート博覧会」の実行委員会でのことだ。「たかつきアート博覧会」というのは、ざっくりと言えば多くのアート関連企画を通して高槻市の活性化を図ろうという大がかりな事業で、二〇〇一年（平成一三年）から長く続いている。私も小林先生も、その実行委員に名を連ねていた。

この博覧会、見どころの多い魅力的な催しなのだが、主な企画の舞台は市街地中心地域に集中している。中心地域の活性化も重要だが、地域の商店街の活性化のためにも何かできないかな。そんな思いを二人で語り合う中で、小林先生が「あの商店街」と呼んだのは、もちろん山手一番街のことだ。

美術を受け持つ小林先生には、アートを教室や美術室から日常生活に向けて解き放ち、子どもたちを学校の外とつなげたいという思いがあったようだ。それを具体化するアイディアとして出てきたのがシャッターアート。子どもたちが学校を飛び出し、地元商店街のシャッターに絵を描く。描かれたシャッターアートは、閑散とした商店街の空気を明るいものに変え、地域の人々が再び地元商店街に目を向けるきっかけになるかもしれない。

「いいですね、それ!」と言いながら、私は商店主たちの顔を思い浮かべた。まずは商人会に趣旨を理解してもらい、シャッターを提供してくれるお店を見つけなければ。こうして私は、自分も一員である商人会の理解を得るところから動きはじめた。

今となっては半ば笑い話なのだが、当初、商人会の皆さんはおっかなびっくりだった。「シャッターに『絵』?」「中学生の子どもらが描く?」「ウチの店、どうされてしまうの?」

中学生たちがシャッターに群がって絵を描く。そんな話を聞いた皆さんは、歩道橋やガードレールにスプレーで殴り書きされた落書きじみたものを連想したかもしれない。私は小林先生とともに、シャッターアートとは何なのかを企画の趣旨とともに説明して回った。

だが、説明が必要なのは、商店主たちだけではなかった。絵を描こうという中学生たちにもこの商店街のことを知ってもらわなければ、活性化という趣旨に沿った絵は生まれない。駅近くの繁華街のショップには詳しい中学生も、シャッター街化した地元商店街のこととなると案外知らない。商店街の歴史も往時のにぎわいも知らないし、ここでの買い物経験も意外なほど少ないのだ。そこで商店街の歩みを知る大人の出番となる。

二〇一三年、一四年の企画では当時の商人会会長が学校に出向いて山手一番街の歴史を語り、二〇年には会長に代わって私が話をさせてもらった。

「ボクも九中出身で、東城山町で生まれ育ちました。自分の会社も山手一番街にあります」

自己紹介から始まって、商店街の歴史を思い出話のように語る。小さい頃はどこの家でも、親たちが山手一番街で買い物して帰って来た。今はないが、山手一番街とその近辺にはスーパーあり、酒屋さんあり、八百屋さん、肉屋さん、衣料品店、雑貨店……。

「もう、なんでもあって、ボクら子どももおやつを買って食べたり、おもちゃを買ってもらったりしてた。だけど、その後、みんなも知ってのとおり、駅のあたりが発展して便利になりました。その代わりに、残念ながら商店街は閑散としてしまいました」

それは高槻市全体の発展にとってはやむを得ないのだが、それでも、と、私は続けた。

「ボクは、みなさんの力であの商店街に『いのち』を吹き込んでほしいと思っています」

口から出たのは、企画に掲げられていたキャッチフレーズで使われている言葉だった。

「いのち」を吹き込む。

だが、自分の半生をふり返る時、これは私にとって地元商店街の活性化だけを指す言葉ではないような気がしている。

まだ半分子どもだった若い頃、私は人生にぽっかりと空洞ができてしまうような経験をしている。その危機を乗り越えようと必死だった私は、自分で自分の人生に「いのち」を吹き込むとはどういうことなのかを若いなりに考え抜いた。空いてしまった穴に自分で「いのち」を吹き込まなければ、人生という「器」そのものが崩れてしまいそうだったからだ。以来、私は自分の人生や事業、子育ての場や地域に、「いのち」を吹き込むという気持ちで向き合い続けてきたつもりだ。人はたとえ困難に直面しても自分で自分に「いのち」を吹き込むことができるし、それによって拓けた新しい人生の中でいつかは思ったことを成し遂げることができる。さらに一歩踏み出せば、自分に「いのち」を吹き込もうとしている他人を支えることもできるし、そこに新しいつながりも生まれる。半生を通して生まれたそんな思いが、私にこの本を書かせた。

そのすべての出発点となったのは、失われた一つの「いのち」だった。

頭上のアーケードから柔らかな日の光が射している。山手一番街の真ん中を横切る辻を渡って奥のブロックに進むと、路地の右手に子どもの頃から通いつめた玩具店のテントひさしが見えてくる。日焼けしたオレンジ色のひさしに、黒い文字でプリントされた店の名前は『おもちゃ　しろ』。

今日はシャッターが下りているが、おかげでここでも子どもたちが描いた明るいシャッターアートを目にすることができる。中央に大きく描かれているのは、何色ものピースからなるカラフルなジグソーパズルだ。少し離れたところから組み合わされたパズルの全景を見ると、折り重なる人の集まりのようにも見える。ハート模様や色とりどりの食べ物に囲まれたパズルの上には「OUR DREAM」という大きな文字。さらにその上空には、絵の全体を覆う鮮やかな虹がかかっている。

今もこのシャッターを開ければ、姿を現すのは私が幼かった頃と変わらぬ「昭和のおもちゃ屋さん」だ。あらゆるおもちゃ類が棚に積み上げられたお店は、売られているおもちゃの中身が変わっても、今も子どもたちの「OUR DREAM」が集まる場所。その店先に立つと、東城山町の自宅からこの『おもちゃ　しろ』を目指して坂を駆け下りてきた日を思い出す。

あれは、たしか私の誕生日だったか、その前日だったたか。私が喜び勇んでおもちゃ屋さんめがけて走ってきたのは、これから父に買ってもらうプレゼントの下見だった。

あの時に聞いた父の声が、耳の奥の方で聞こえる。

「ヨシくん、『しろ』さん行って、見ておいで！」

# 第一章

# 第一報

## テレビニュース

取りつかれたように電話をかけ続けていた。

薄暗い記憶の霧の中に、姉・幹《みき》の高校卒業生名簿がぼんやり浮かぶ。姉の部屋で探し当てたこの名簿をたどり、弟の自分にも覚えのある名前を見つけては、自宅の固定電話のプッシュボタンを押し続けた。スマートフォンはもちろん、携帯電話さえ出回っていなかった一九八八年(昭和六三年)一一月二三日、勤労感謝の日の午後五時過ぎ。電話をかけた相手は、大学一年生の姉が高校時代に親しくしていた同窓生たちだ。

「もしもし、江沢です、ミキの弟のヨシですけど……」

私の声を聞くなり、姉の友人たちは受話器の向こうで快活な声を返したはずだ。

「ああ、ヨシくん、お久しぶり!」

記憶の中で、高校一年生の私が壊れかけたロボットのような声を絞り出す。

「姉が出かけてるんですけど、急いで連絡取らないといけないことがあって……」

この時代、行き先もわからない者と連絡を取るのはとてつもなく難しかった。本人から電話が入りそうな相手に先回りして伝言しておくか、さもなければ友人たちにも頼み込んでそれぞれの心当たりに電話をかけまくってもらうか。

「もしも連絡ついたら、すぐに、こっちに電話するようにって伝えてほしいんです……」

私のつぶれた声を聞いた姉の同窓生たちがどのように答えたか、何も覚えていない。ただ、どの相手もすぐに様子がおかしいことに気づいたことだろう。いつも姉に付いて話の輪に入ってきては、みんなを笑わせていた快活な弟、一五歳の少年。その声が今日はひきつって何度も裏返り、話す言葉は切れ切れになっている。

「ヨシくん？　どうしたの、何かあったの？」

それに答えようと必死に声を振り絞ったことは、頭よりも喉の筋肉が覚えている。何かを言おうとすると、喉がひくひくと痙攣して痛いほどだった。狭まった気道から吐き出される苦しい息は、「言葉」としての輪郭を作れずに嗚咽となってこぼれた。

「両親が大変なことになってしまって」

そう言うつもりで口を動かすが、「大変な」の先は意味不明のわめき声になった。

両親に大変なことが起きたから、心当たりがあれば姉と連絡を試みてほしい。もしも連絡がついたら、急いで電話をよこすように伝えてほしい。

涙まみれの言葉で何とかそれだけ伝え、受話器を置く記憶の中の私。手の甲で涙をぬぐい、また受話器を取ってプッシュボタンを押す一五歳の私。それぞれの電話相手には、これから自分も向かうことになっていた近所の叔父宅の電話番号を連絡先として伝えた。

次に記憶の暗がりに光るのは自宅のテレビ画面だ。アナウンサーの声が聞こえる。一日のできごとを伝えるニュースだった。何番目かのニュースになった瞬間、字幕に映し出される見慣れた文字列が私の目を刺し、原稿を読み上げるアナウンサーの声が頭蓋骨に響いた。

〈高槻市の江沢正巳さん〉〈正面衝突〉〈死亡〉〈妻の幸枝さん〉〈意識不明〉。

家に居ながら外から狙撃されたような衝撃が、みぞおちのあたりに走った。

今考えれば、そのニュースはおよそこんなことを言っていたはずだ。

〈今日午後三時過ぎ、鳥取県米子市の国道で大阪府高槻市の江沢正巳さんが運転する乗用車がトラックと正面衝突し、正巳さんは死亡、同乗していた妻の幸枝さんも体を強く打って意識不明の重体ということです。〉

名前を挙げられた二人の子どもである自分が、まだ本当の話なのかどうかさえ確かめられずにいる両親の交通事故と父親の死。ところが、報じられた当人たちが目指していた自宅に置かれたテレビは、まるで先回りするかのように、これは事実なのだという烙印を押そうとしている。とっさに私は思った。

オレたちに、何の断りもないじゃないか。

誰かが事件や事故に見舞われた時、その家族に「ニュースで流していいですか」「報道してもいいですか」という断りなどないのだ。悲報は動かしがたい事実と決めつけられ、もはや変えることができないできごとにされていく。それがニュースというものだと知った。ニュースの話題が切り替わってもみぞおちを貫く激痛は消えず、肺の空気がそこから漏れ出して再び嗚咽になった。

**一九八八年一一月二三日**

休日のその日、自宅には午後になって姉の男友達が遊びに来ていた。姉を訪ねてきたのだが、あいにく大学の友人とどこかに出かけて留守。そこで彼には家に上がってもらい、しばらく一緒に帰りを待ってみることにした。四つ下の弟である私は幼い頃から「お姉さん子」で、姉の友人たちとも仲良しだった。

数日前から、父の正巳《まさみ》と母の幸枝《ゆきえ》は法事で島根県松江市に出かけていた。同市の父の実家で、数年前に他界した父の次兄の法事が営まれたのだ。自家用車で出かけた両親は、この日の夜には帰宅する予定だった。

「ミキ、どこに行ったんだろうな」

「さあ。でも、今日は親も帰ってくることだし、それまでには戻るんじゃない？」

家族が出払った家で続く若者同士のおしゃべりの最中、インターホンが鳴った。来客？　二階から駆け下りながら、窓の外では日がすでに傾いていることに気づいた。

玄関を開けると、五つ年下の従弟、小元久史《こもとひさし》が息を切らしている。母の妹、つや子叔母さんの次男坊だ。「どうしたの」と言いかける私をさえぎって、従弟が口走った。

「ヨシくんのお父さん、死んだって」

言われた私は、何のことかわからずに聞き返した。

「え、どういう意味？」

遠く松江まで出かけた父のことをこの場にいる小学生の従弟が口にするのは妙だし、「死んだ」とはいったい何の冗談のつもりなんだろう。

だが、一〇歳の男の子の顔は真剣で、訴えるような目で私を見ている。

「なんか、事故に遭ったたって。だから、『店に来て』って、お母さんが言ってる」

「えっ」

短く叫びながら、いきなり目隠しされた気がした。どこか遠いところのお話でしかなかった「事故」や「死」という言葉が突然目の前を覆い、けれども、その言葉が意味するものが見えない。地を踏みしめる足裏の感覚が消え、膝の力が抜けそうになった。それから従弟にどう答え、二階にいる姉の友人に何と説明して引き取ってもらったのか、覚えていない。

つや子叔母が泣き腫らした目を手で押さえ、誰かと電話で話している。

従弟が叔母からの伝言で口走った「店に来て」の「店」とは、父が営む内装工務店「株式会

社　装英《そうえい》」が山手一番街近くに出していた店だ。その店を預かるつや子叔母が、仕事も手につかない様子で泣きじゃくっている。

なぜ叔母さんは泣いてる？　何があった？

従弟から聞いた「事故」や「死」という言葉は、ただのお話の世界のことではないらしい。だが、それがいったい何を意味しているのか、私には飲み込めていない。私の口をついて出てきたのは、それから何十回、何百回と繰り返すことになる短い言葉だった。

「どういうこと？」

突っ立っている私に、叔母は警察からの一報を伝えた。両親の乗る車が鳥取県の米子市内でトラックと正面衝突し、父は即死。母は意識不明の重体で、病院に搬送されたという。それを聞いた私の脳みそは、食べ物を受け付けずに戻しかける胃袋のように渦巻きはじめた。

えっ、どういうこと？　これは夢なのかな？　でも、叔母さんは泣きじゃくっている。何が起きた？　交通事故で父は即死、母は重体。えっ、どういうこと？

その繰り返し、また繰り返し。際限のない渦から抜け出したい一心で私は言った。

「自分でも聞いてみたい」

叔母のメモを見ながら自分で鳥取県警米子署に電話をかけた。応対した警察官は、叔母から聞いたのと変わらぬ話を操り返した。受話器を置いて、私はまた口走った。

「どういうこと？」

どういうこと、どういうこと、どういうこと。頭がぐるぐる回りながら五分、一〇分、二〇分。ついさっきまで、じきに両親が帰るから姉の帰宅もそんなに遅くないだろうと、私は姉の友人に笑いながら話していた。それを何年も前のことのように思い出した時、はっと我に返った。大急ぎで姉に連絡して、帰って来てもらわなければ。

私は業務用の電話が一本あるだけの店から自宅にとって返し、姉と連絡がつきそうな相手に片っ端から電話しようと思い立ったのだった。

**こんな時でも……**

近所のつや子叔母の家に身を寄せたのは、暗くなってからのことだった。午後七時を過ぎた頃、夕食を食べさせてもらった。テーブルを囲むのは、叔母の夫である小元文隆叔父さんとその二人の息子。兄は中学三年生で、弟は先ほど急報を伝えてくれた小学生だ。税理士としての独立開業を目指していた文隆叔父は、前の勤務先である税理士事務所が装英の税務を引き受けていた縁で母の妹である叔母と知り合った。そんなこともあって叔父は両親と懇意で、装英や私たち姉弟のことはよくご存じだし、松江に住む父の長兄とも面識があった。

四人で囲んだ食卓に何が並んだかは覚えていないが、一口ごとに飲み下した苦々しい思いが今も消えない。ショックや悲しみで食事が喉を通らないという言い回しを小耳にはさんだことがあるが、それは嘘なんじゃないか。パパが死んだと聞かされたのに、オレ、メシを食ってる。

ママが重体だというのに、オレ、みそ汁を飲んでる。……こんな時に食事が平然と喉を通って腹に収まっていくことが、ルール違反のようで後ろめたかった。

「大変なことになったな」「お母さん、大丈夫かな」という叔父の声が、重苦しい部屋の空気に浮かんでは消える。だが、それを聞いても、私にはうなずくことぐらいしかできない。沈黙だけが流れ、部屋の酸素がどんどん少なくなっていくような気がした。

そのうちに従弟たちが、テレビ番組か何かのことを話しはじめたのを覚えている。子どもたちなりに、私に気を遣ってのことだったのかもしれない。テレビタレントのしぐさや台詞をまねしては、アイツほんとにおもしろいよと笑って見せる従弟たち。この時、私は自分の顔の表面が、彼らの笑顔に付き合って形を変えるのを感じた。顔に張り付いたお面が、自分の気持ちとは関係なく勝手に愛想笑いを作る。頬のあたりにこわばったお面を感じながら、また思った。人間って、こんな時でも、笑えるんだ。

午後九時を回る頃、叔父宅の電話が鳴った。姉からだった。私が必死で電話をかけた同窓生の誰かが連絡をつけてくれたのかもしれない。

「ヨシくん、どうしたの、何があったの？」

電話の向こうでいぶかしむ姉に、半ば怒鳴るような泣き声で私が答える。

「パパとママが車で事故してさああッ！　パパが、パパが大変で……」

姉の悲鳴のような叫び声が受話器から聞こえた。

「ミキちゃん、すぐ帰って来て！　文隆叔父さんに乗っけてもらって出かけるから」

記憶の次のコマで、私は姉とともに叔父の車のシートに収まっている。

これから叔父の運転で鳥取県米子市に向かうところだ。

最後に乗り込んだ叔父が、運転席のドアを閉める。その音が、車内に重苦しく響いた。あたりは夜の闇。車が動きだしてから米子に着くまでの道中の記憶は、その闇に溶け出してしまって何も残っていない。この日よりもずっと前のこと、自分がまだ幼かった頃のことなら、今でも懐かしく思い出せるのだが……。

## 幼い日、両親の傍で

### ガッチャマン出動

遠い思い出の中で、運転席に座った父がドアを閉める音が軽やかに響く。

父が購入して間もないセドリックのバン。ボディの腰回りがウッド調というおしゃれなデザインで、今も中古車市場の人気車種だ。父が稼いだお金を貯めて買ったこの車は内装工事の現場に向かうための業務用だったが、幼い私の目にはスポーツカー並みにかっこよかった。

ドアが閉まる時のメカニックな音が身を包み、一足先に乗り込んでいた私は興奮で身震いする。胸の中では当時の子どもたちの人気番組、『科学忍者隊　ガッチャマン』の主題歌が鳴り響いている。私が頭にかぶっているのは、主人公〈ガッチャマン〉のヘルメット。白地の側頭部には赤と黒のラインが施され、頭のてっぺんにはちゃんとアンテナもついている。顔面を覆う薄青いバイザーを下ろし、〈ゴッドフェニックス〉の合体シーンを思い浮かべる。バイザー越しに私の顔を覗き込んだ父は、ちょっと笑いながら声をかけた。

「いいか、じゃ、出かけるぞ」

バンが動きはじめて加速を感じる。私が〈ガッチャマン〉のお決まりの台詞を叫ぶ。「バード　ゴー！」。小さなガッチャマンの出動だった。

幼稚園から小学校低学年にかけての頃、早い時刻に帰宅すると、本社を兼ねた自宅に父の姿があることは珍しくなかった。当時、父は住宅の内装の中でも特にオーダーカーテンの販売に力を入れていた。自宅を兼ねた本社で生地を注文通りのカーテンに仕立て、顧客のお宅に持参して取り付ける。施工の場所や時間次第でお昼に一度帰宅することもあれば、現場に向けて出発するのが午後になることもある。そんな時、作業着姿で現場に向かう準備をする父と顔を合わせると、帰宅したばかりの私はお供をせがんだ。

「連れてって！」

この日、父が目指す現場は、数年前に開催された大阪万博（一九七〇年＝昭和四五年開催）の会場に近い千里ニュータウンだった。吹田《すいた》市と豊中《とよなか》市にまたがるこの街は高度経済成長期に開発された大規模ニュータウンの草分けで、万博に伴う交通網の整備も手伝って人口は増え続けていた。膨大な数の新住民は父の大事な顧客であり、カーテンを新調する家々が仕事の現場だった。おかげで新しいカーテンを取り付けるニュータウンの家々に、内装職人のお供をする小さなガッチャマンが出現することになった。

## 松江から大阪へ

父・江沢正巳は一九三〇年（昭和五年）、島根県松江市で江沢家の三男として生まれた。

戦後間もない時期、父の長兄である紀彦伯父が家具や家具資材の販売を手がける会社を設立し、建築塗料や関連資材などを扱う「島根ペイント」という会社へと発展させた。後に同社は建築用資材、インテリア材料、塗料や接着剤等の販売、さらには内外装工事まで手がける「株式会社ユニコン」へと発展し、今では地元有数の企業へと成長している。

拡大途上の島根ペイント時代、その社員として働く若き父は大阪に修業に出た。資材を仕入れていた大阪の大手問屋に就職し、門真《かどま》市のアパートから通って内装の業務全般を学んだという。規模の大きな仕事の経験を積んで松江に戻り、ゆくゆくは島根ペイントの拡大の一翼を担う「はず」だった。

ところが、大阪で働くうちに想定外のことが起こった。父はたまたま大阪を訪れていた名古屋市在住の若い娘、後に母となる幸枝と出会い、相思相愛の仲になったのだ。幸枝は一九四一年（昭和一六年）生まれだから、父より一回り近く若い。二人の運命的な出会いの物語は後に記すことになるが、一回りも違う名古屋の娘と遠距離恋愛を続けた父は、松江には戻らずに大阪で起業することを決める。名古屋で生まれ育った母にしてみれば、遠く山陰の見知らぬ都市で暮らすことにはためらいがあった。その気持ちを汲んだ父は、大阪で母と所帯を持ち、内装業者として独り立ちすることを決めたのだ。

家屋などの建築で言う「内装」とは、天井や壁、床の下地づくりからボード張り、仕上げまでをカバーする幅広い仕事の総称で、建物の雰囲気や質感を決めるデザイン性の高い仕事でもある。生活が洋式化した現代では、カーテンの設置も内装の重要な仕事の一つだ。結婚を機に内装業者として独立した父は、そのカーテンに特に目を向けた。

人々の生活が豊かになるにつれ、住宅はただの居住場所ではなく、やすらぎや豊かさを実感し、個性を表現する空間へと変わりつつあった。それに伴ってカーテンや壁紙、カーペットなどの内装は、空間を演出する媒体、「インテリア」としての性格を強めた。こうした変化に敏感な父にとって、カーテンは単なる目隠しや遮光のための布ではなかった。そのデザイン性に対するこだわりは、扱っているカーテン生地を使って自分の背広を仕立てたほどだ。インテリアという言葉が普及する前から、父はカーテンをいち早くインテリアと意識して販売した内装業者であり、顧客にとっては職人である以上にそれぞれの住まい方を演出してくれる一人のデザイナーに近い存在だった。

デザイナー気質の父がアレンジするオーダーカーテンは、ニュータウンの新住民の支持を集めた。顧客との打ち合わせで生地や寸法などの仕様が決まった後、メーカーから仕入れた生地を仕様に合わせて裁断、縫製してカーテンの形に仕上げるのは母の仕事だ。結婚してからカーテンの仕立て方を研究した母は、父の右腕として自宅で縫製と経理を受け持つようになった。こうしてオーダーカーテン販売に乗り出した両親が、新たな拠点として選んだのが同じ大阪府の高槻市である。

## 高槻市の「装英」

門真市で暮らす二人の間に、姉の幹が生まれたのが一九六八年（昭和四三年）。この頃、父は付き合いのある工務店から耳寄りな話を聞いた。高槻市郊外で新興住宅地の大規模な造成が始まる。これから高槻はどんどん発展するぞ、と。

この新興住宅地なら、移り住んでくる人々にオーダーカーテンを勧めて顧客を開拓できる。高槻なら千里ニュータウン周辺での仕事にも応じ続けられるだろう。こうしていくつかの理由が重なり、父は高槻市東城山町に社屋を兼ねた自宅を建てた。ここを本社として一九七〇年（昭和四五年）一一月に父が設立したのが、今に続く「株式会社　装英」である。

淀川水運の拠点として古い歴史を持つ高槻市だが、高度経済成長期に入ると北部地域一帯で宅地造成が進んで一大ベッドタウンへと成長する。一九六〇年代半ばから七〇年代半ば（昭和四〇年代から五〇年代）にかけ、城山に連なる山地の東側斜面を切り拓いて生まれたのが東城山町だ。我が家はこの町で最も早い時期に建った家の一軒で、周囲はまだ何も建っていない造成地がまるで棚田のように広がるばかり。ご近所と言えば、山を少し下った先のあそこに一軒、向こうに一軒と、まるで開拓移民のように暮らしはじめた我が家の思い出話が一つ。

我が家の完成が近づいた夏のある日、両親は幼い姉を連れて建築途中の家の様子を見に出かけた。造成地の棚田に建つ真新しい一軒家。建築用語で言えば、鉄骨・木造亜鉛メッキ鋼板瓦、陸屋根《ろくやね》二階という立派な家で、その設計の原案は父自身が練った。例えば父は、壁の柱のない箇所にあらかじめ大きな凹みをデザインし、その中にステレオを収められるように設計した。家ができた後になってから壁の前にステレオを置いたのでは、部屋はそのぶん手狭になるし見てくれも悪い。だったら最初から大きなステレオのある部屋、音楽のある生活空間をイメージし、それに応じた部屋の形、壁のつくりをデザインしよう。それは職人である以上にデザイナー気質だった父らしい発想で、こうした意匠があちこちに凝らされた我が家のデザインは後に建築雑誌に取り上げられたほどだ。

その新居もいよいよ完成間近。それを見てよほどうれしかったのか、両親は顔を見合わせて言った。

「泊まっていこうか」

その日は門真の旧宅には帰らず、完成前の家に泊まってしまおうというのだ。おしゃれな家はあらかたできあがってはいたものの、壁に設けられた窓だけはガラスが入る前だから、ぽっかり口を開けた四角い大穴のまま。夏場だから寒さの心配はないのだが、よちよち歩きの姉が二階の窓穴から転落しそうで怖い。よしっ、それならばと、父はいそいそと転落防止のためのブルーシートを張り巡らした。こうして両親と幼い姉は、ブルーシートで窓を覆った二階の広間で仲良く体を寄せ合って夜を明かした。以来、親子は何回となく建築途中の我が家を見に来ては泊まったという。

ひとけのない広大な造成地の棚田の上の方に、ブルーシートがかけられた家がぽつんと一軒。シートの向こう側で三人家族がすやすや眠っているなど、下界の人々は思いもよらなかっただろう。新興住宅地の開拓時代のひとこま、我が家の小さなおとぎ話だ。

## いつも大勢の大人たちがいた

私が生まれたのは、東城山町にもだいぶ家が建ち並んで住宅地らしくなった一九七二年（昭和四七年）。近所にできた幼稚園に通う頃になると同世代の子どもたちも増え、私は町内を駆けずり回って遊んだ。ただ、同じ時期に町で暮らしはじめた他の子どもたちの家々と違っていたのは、我が家にはいつも大勢の大人の姿があったことだった。

子ども部屋と同じ一階には会社の事務所も置かれていて、外回りの仕事がない時の父が詰めた。母もカーテンの縫製や経理の仕事で大忙しで、その下では縫製を手伝う通いの縫い子さんが四、五人働いていた。顧客対応にあたる二人の営業社員も事務所に出入りしていたし、母の弟である高瀬進叔父さんが勤めてくれた時期もある。それに加えて父は、この自宅兼社屋とは別に例の店を出し、つや子叔母に店番を任せた。店先にカーテン生地のサンプルを吊り、新興住宅地の住民からオーダーカーテンの注文を募ったのだ。こうして総勢一〇人ほどで仕事を回す装英のカーテン生地の売り上げは問屋もしのぐほどで、ある年などはメーカーが両親を香港旅行にまで招待している。

こんな具合だから、子どもたちが幼稚園や学校から帰宅すると周りは大人だらけ。彼らは忙しく立ち回り、すれ違いざまに子どもたちに軽く声をかけてはまたどこかに行く。家族以外の大人と言葉を交わすことも、大人たちの会話を小耳にはさむのも、小さい頃から当たり前だった。他人と話すことが苦にならず、ましてや他人に囲まれていることを嫌とも怖いとも思わない。そんな私の性格は、この環境と経験が育ててくれたのかもしれない。それは後になって、自分で自分の人生を救い出すための大事な手札となった。

近所の子たちとのもう一つの違いは、自分でやるべきことの多さだった。父の現場からの帰りが遅くなる日も多い我が家だが、晩ご飯はみんながそろってから。父の帰宅を待っての夕食が夜の九時、一〇時になることも珍しくなく、そのぶん子どもたちは午後七時を過ぎるまで外で遊んでいても怒られなかった。その代わり、子どもたちには自分でなんとかしなければならないことが多かった。

例えば、夕方になると、四つ上の姉が私に声をかける。

「ヨシくん、アイロンかけよう」

うながされた私が、姉に手ほどきされながら幼稚園のカッターシャツにアイロンをかける。その姉にしたところで、当時はまだ小学校の二年生か三年生の子どもだ。

母は家にはいるのだが、カーテンの縫製や事務仕事に大わらわ。毎日それを見ていれば、子どもたちの身の回りに手間をかけている暇がないことは自然にわかった。だからと言ってカッターシャツがしわだらけのままなら、自分が恥ずかしい思いをする。ガミガミ言われて「お手伝い」をさせられるというよりは、自分でやってみようと手を出す。そうした気持ちの「持ち方」を覚えたのは、いつも視野の中に忙しく働く両親の姿があったおかげ、そして一歩先でリードしてくれる姉がいたおかげだ。

幼稚園から帰ってきてみれば、両親は忙しく働き続けているが、さりとてまるっきり放任というのでもない。そんなつかず離れずの日々、幼稚園バッグを放り出して家の中をうろうろしていると、父が作業着を着こんで事務室から出てくるのと出くわす。その手には大きな風呂敷包みを持っている。これから現場のお宅に出向いて取り付けるカーテンだ。それを見て私が言う。

「ねえ、連れてって！」

父はちょっとの間、天井を仰いで思案顔だ。これから出向く現場を思い起こし、どうしたものかと考えているのかもしれない。数秒の後、見下ろす目が私を見て笑っている。

「ああ、今日はいいよ。一緒に行くか」

「行く！」と叫ぶと、私は自分の部屋へと駆け込む。〈ガッチャマン〉のヘルメットを取りに。

# たどり着いた病院

## 集中治療室の母

高槻を発った後の記憶の闇が晴れて浮かんでくるのは、ガラス越しに見える母の姿だ。横たわる母は酸素マスクを着けている。その顔は「普通の顔」だ。傷だらけではないのを見て、こわばっていた自分の体から少しだけ力が抜けた。

鳥取県米子市の山陰労災病院。外はまだ暗い朝の四時頃。高槻を発ったのは午後一〇時過ぎだったから、叔父は夜道を懸命に急いでくれたのだろう。病院には、松江市から先に駆けつけた父の長兄、紀彦伯父が詰めていた。その話によれば、助手席から外に投げ出された母は、内臓破裂と骨盤骨折。九時間にも及ぶ緊急手術が行われたが、重体だという。

伯父に付いて急ぎ足で向かったのは、集中治療室らしき一室だった。トラックとの正面衝突。顔が無残なありさまだったらどうしよう。ドアのガラスをのぞき込む体に力が入った。息を止めて見入る先に、瞼を閉じて動かない母の顔があった。目立った外傷がないことにホッとしたものの、顔はピクリとも動かない。姉と私はガラスに顔を押しつけ、何か表情が浮かびはしないかと目を凝らした。

だが、記憶の中でこの場面は長く続かない。私たちが向き合わなければならないのは、意識不明の母だけではなかったからだ。私たちのすぐ後ろから、紀彦伯父の声が聞こえた。

「お父さんのところ、行くか？　お父さんが運ばれたのは違う病院だから」

父の搬送先を、伯父は「お父さんのところ」と言った。余計な説明を省いたこの言葉は何よりも気がかりだったことと、同時に、できれば永遠に目を背けておきたかったことを思い出させた。父は即死と伝えられていた。早く会いたい、けれども、会うのが恐ろしい。胸の中でいくつもの違う感情が入り交じり、母の治療室から離れる足が重たかった。

## 霊安室の父

車で一〇分か一五分ほどかけて父が搬送されたという病院の前に到着した時、胸によぎったのは、はぐらかされたような思いだった。え、こんな病院？　車を降り立った目の前には、個人経営の医院かと思うほど小さな病院が立っている。つい今しがた母を見てきた大きな病院とのあまりの違いに、私は落胆に近いものさえ感じた。

大人になった今なら、この搬送先の違いの意味はわかる。まだ息のある母と、体をハンドルと座席の間に挟まれて即死したという父と。だが、一五歳の少年にそのような冷徹な判断を推し量ることはできない。この時、私の心は激しく揺れ動いていた。

父は「即死」だという。けれども、自分の耳には「ヨシくん」と私を呼ぶ父の声が、こんなにも生々しく残っているではないか。あの父から「いのち」が抜け、「遺体」というものになってしまう。そんなことって、あるだろうか。自分はその「遺体」というものを、目を開けて見ることができるだろうか。人が「遺体」と呼ばれるものになるというのは、何がどう変わるということなのだろうか。

どういうこと？

その答えと向き合わなければならない時が迫る。けれども、向き合うのがとてつもなく怖い。震える心を抱いたまま、私は姉たちと一緒に伯父の後に続いた。


父が横たわっている。ひんやりした部屋だ。駆けよって見るその顔にも傷はなく、父は固く、ひたすら固く、瞼を閉じて眠っている。

「パパ！」

私と姉が呼びかける声に包まれた父だが、決意したように目を閉じて何も答えてくれない。

「死ぬ」とは、どんなに呼びかけても、けっして答えてくれないということだった。

呼びかけ続ける私たちの声はすぐに泣き声に変わり、泣き声はたちまち叫び声になる。部屋にこだまし続けたのは「泣く」という言葉で言い表せるような声ではなく、理解不能な悲しみを全身から「吐く」音だった。

叫びながら父の手を握った私はドキリとした。掌に返ってきたのが、冷たい人形の手のようによそよそしい感覚だったからだ。泣きながら抱きしめる父の体は冷たく、これもマネキンのように固い。

これが父の「遺体」。では、「父そのもの」、「父という人」は、どこに行ったのだろう?

そう思って顔を起こすが、横たわる父は目を開けることも言葉を漏らすこともない。それを見て再び自分の口から、体が裏返るような叫び声が吐き出される。

「パパ! パパ!」

どんなに呼んでも、父は答えを返してくれない。だからまた呼ぶ。

いくら叫んでも、悪夢は覚めてくれない。だからまた叫ぶ。

どれだけ吐き出しても、悲しみは減らない。だからまた吐き出す。

その繰り返しが二〇分続いたのか、三〇分続いたのか。ここでもはっきりと覚えているのは、胸の肉体的な痛みだ。泣き叫び続けた肺はあえぎ、まわりの筋肉が激しく痛んだ。止める人がいなければ、私も姉も倒れるまで泣き叫ぶのをやめなかっただろう。

だが、この慟哭に無理にでもピリオドを打たなければならない。そのことに気づかせてくれたのは、ここでも紀彦伯父の声だった。

「幸枝さんも危険な状態だから、向こうの病院に戻らないと……」

目の前の父しか見ていなかった私は、背後から聞こえた伯父の言葉を聞いて後頭部を殴られたような気がした。

このうえさらに、ママまで死ぬ？

考えてみれば、最初に駆けつけてくれた紀彦伯父も、実の弟の亡きがらの横に寄り添い続けるのではなく、まだ息のある義理の妹の方を見守ってくれていたのだ。風前の灯火から遠く離れているわけにはいかない。灯火を消えるにまかせることはできない。母を見守らなければ。

私たち二人は、しがみついていた父の遺体から断腸の思いで離れた。

この時、姉の胸には一九年、私の胸には一五年ぶんの父との思い出がある。この先も父と共に生きる人生がまだまだ続くと、当たり前のように思いこんでいた。その父の突然の死だというのに、私たちには泣き尽くすまで泣く自由すらなかった。

立ち止まらないでください。……そう言って行列を急かすイベント会場の警備員のように、冷酷な運命が私たちを父の傍から引き剝がした。

「今の高校は辞めなさい」

集中治療室の母は、さっきと同じように眠り続けていた。それをしばらく見守った後、紀彦伯父は一同を待合室に誘った。席に着いた姉と私に、伯父は沈痛な面持ちで「幸枝さんのことなんだけどね」と切り出した。

「辛いことだけど、先生たちの話だと、『助からないかもしれないし、うまく助かったとしても車椅子生活、下半身不随だろう』って」

「先生たち」というのは、母の緊急手術にあたった外科と整形外科の医師たちのことだ。私たちが米子に到着する前、伯父はこの医師たちから母の容態と見通しを聞かされていた。

だが、ここで伯父が口にした「先生たちの話」というのは、半ば「嘘」だったことを、私は数ヵ月後に知る。伯父の日記のこの日のページには、およそ次のように書かれていた。

〈医師からは、幸枝さんはまず助からないと言われた。ミキもヨシも本当にかわいそうだ〉

医師は伯父に、母はほぼ絶望と告げていたのだ。

だが、父の突然の死に見舞われた二人の子どもに、母までも絶望だと告げるのはあまりにむごい。ありのままを伝えられなかった伯父は、「助かったとしても車椅子」という医師が言いもしない言葉を添えて私たちに伝えた。微かな希望のある含みを持たせたのだ。

もちろん、わずかな楽観を上乗せした伯父の言葉でさえ、私たちには十分過ぎるほどショックだった。だから私たちの耳には、続く伯父の話も異論の余地のないこととして聞こえた。

「株式会社　装英」の今後の話、そして姉と私のこれからの身の振り方の話だ。

「大事な話だから、ミキもヨシも一緒に聞いておきなさい」

そう前置きしてから紀彦伯父は、装英の経営状況を文隆叔父に尋ねた。かつて税理士事務所の社員として装英の経理に目を通していた叔父は、妻であるつや子叔母から今の装英の経営ぶりも伝え聞いている。近いところで装英を見守る経理のプロの目で見た時、社長が突然亡くなり、専務的な役割を担う母が重体という状況で装英は存続可能だろうか。自身も会社経営者である紀彦伯父は、文隆叔父にその見通しを尋ねたのだ。

しばらく考えた叔父が、こう言ったのを覚えている。

「そうなると、続けるのは無理だと思います」

両親がいなくなれば、いくら縫い子さんや営業マンがいてもウチの会社は回っていかない。企業経営の理屈など知らない高校一年生でも、叔父の言うことはすぐに理解できた。

叔父の話を聞いた紀彦伯父は、やっぱりそうかという感じでうなずくと、経理に通じた叔父に装英をたたむ方向で助力してくれるように頼んだ。固い地面のように思っていた両親の会社が、あっけなく消滅に向かって動きはじめる。呆然となったが、他に道がないこともわかった。

無言のまま納得する私たち姉弟に、伯父が諭すように淡々と言った。

「ミキちゃんは大学を辞めて働きなさい。ヨシくんも今の高校は辞めて、松江に来なさい」

大学一年生と高校一年生の姉弟。二人の生活費や学費の面倒を見る父はこの世になく、母もこの先どうなるかわからない。生計が立てられなくなるのは目に見えている。姉には学業を中断して自立させるしかないし、弟は松江の自分の家で引き取るほかない。それが紀彦伯父の考えた善後策だった。

これを聞いた私たちは、間を置かずに答えた。

「はい、わかりました」

高校生活が終わることをためらう気持ちは湧かなかった。少し前に父の遺体と対面し、意識不明の母も危ないと聞いたばかりだ。これまで自分が歩いてきた道は、昨日から次々に押し寄せる波にすっかり流し去られた気がしていた。勉強もスポーツも友達との付き合いも、昨日までのぜいたく。そんな冷え冷えとした納得感があった。

そうだよ、もう高校どころじゃないよ。

忙しくもにぎやかな我が家。両親のもとで不自由なく過ごしながら幼稚園、小学校、中学校、高校と進み、たぶんこれから大学にも。そんな軌道を軌道と意識することもなく歩んできた一五年間の人生は、わずか一日で「過去」のことになった。

**「もう燃やすの?」**

私のぼやけた記憶の中で、姉が泣き叫びながら歩き回っている。がらんとした飾り気のない空間はコンクリートか大理石で覆われ、高い天井のせいで一層広く感じられる。その広間を姉は声を上げて泣きながら徘徊し、元の場所に戻って来てはうずくまってまた泣く。それを見ている私の心は、誰でもない誰かに向かって叫び続けていた。

嘘だろ? もう燃やすのかよ。

あの霊安室での対面の翌々日、父の遺体は島根県内の火葬場に搬送されて荼毘に付されることになった。遠い旅先での事故死であるうえ、母は今も意識不明が続く。私たちが現地を動くわけにいかない以上、その近くで骨にするほかなかったのだ。

二日前、霊安室でほんのつかの間しがみついただけの父。母が重体という事情に急かされて別れた後、次に会った父はすでに棺の中に納まり、焼かれるのを待つ身となっている。

早過ぎじゃないか!

棺の蓋が閉じられ、火葬場の係員がお別れを告げて首《こうべ》を垂れる。壁面の炉口に棺がすべり込み、炉の扉がゆっくりと閉まりはじめる。それを見た姉が、他家の火葬参集者の目も構わず、大声で泣きながら歩き回りはじめる。その横で閉じられていく扉を見る私の脳天に、ぞっとするような一つの思いが走って全身を包んだ。

父の形をした父をこの目で見る機会は、この先、二度とやって来ないのだ。

# 街のアーティスト

## エレキギター

重体の母に付き添う日々、何度となく夢を見た。

例えば、自宅にいる時の夢。

自宅の自分の部屋で、私はベッドに腰かけている。事故が起きたのと同じ一九八八年（昭和六三年）の春か初夏、高校一年生になりたての私だ。

部屋の外から父の声が聞こえる。

「おい、ヨシくん、買ったって？　どんなヤツ買ったの」

私は部屋の中から生返事を返す。

「んー」

からりと戸が開いて、部屋に足を踏み入れてくる父。その目は私が抱え持っているものに向けられ、まるで同世代の若者のようにきらきらしている。

「おっ、これか！」

小遣いをはたいて買ったばかりのエレキギター。それを抱いて悦に入っている現場を押さえられ、気恥ずかしさでちょっと目を泳がせる私。そんなことにはお構いなしに、父がすっと手を伸ばしてくる。

「ちょっと貸してみ」

え？　いいとも悪いとも言わないうちに、父は私の手からエレキをひったくって演奏しようと構える。

私は部活動でラグビーに打ち込んでいたが、それとは別に友人たちとバンドを組んだばかりだった。一九八〇年代、若者たちの間では自分たちのバンドを組んで演奏することが流行り、「バンドブーム」などと言われた。目立つのが好きだった私も、音楽の好みの近い仲間に声をかけた。当時活躍していたBOØWYやZIGGY、RED WARRIORSといったバンドのビートロックに魅せられていた。仲間と立ち上げたのは、彼らの曲をカバーする、いわゆるコピーバンドだ。中でも私にとってBOØWYの布袋寅泰が弾くギターはあこがれであり、心の中ではひそかな目標でもあった。そこで、まずは自分自身の楽器。これからはラグビーだけじゃなくコイツの練習にも精を出さなきゃ。買いたてのエレキを抱えながら、そんなことを思っていた。

そのエレキをすっと私の手から抜き取った父が、物も言わずに演奏を始める。かき鳴らしているのは、誰の何という曲だろうか。ピックを動かす右手のストロークには狂いがなく、左手の運指も驚くほど柔らかくてスピーディーだ。短いフレーズごとに巧みに音質のバリエーションを変えながら、聴く者をすぐに引き込む。ギターを構えた姿も見事に様になっていて、狭い子ども部屋はたちまちステージになる。

こんなにうまかったのかよ！

初めて間近で見聞きする父のエレキ。それなりに音楽をかじっていた私から見ても、それはほとんどプロの演奏だった。

熱い視線で眺める息子の前で一曲かき鳴らしてみせた父は、エレキを私の手に戻しながら「頑張ってな」と声をかけると部屋から出て行く。喝采を浴びながら颯爽とステージから下がるミュージシャンの後ろ姿。それを呆然と見送りながら得心する私。

昔、バンドをやってたって、本当なんだ。うまいのは歌だけじゃなかったんだ。

**宴会**

例えば、ある宴会の夜の夢。

舞台の袖から、仕込み杖を突きながらおぼつかない足取りで〈座頭市〉が出てくる。『座頭市』シリーズは勝新太郎主演で人気を集めた時代劇映画で、七〇年代にはテレビでもシリーズ化された。舞台に進み出た役者はある場面をうまくパロディーにして、三〇人ほどのお客さんを笑わせている。だが、その横顔は勝新太郎とは違う細面、鼻筋の通ったシャープな顔立ちだ。巧みな芝居でみんなを笑わせているその役者が、ふっとこちらを向く。宴会を主催する装英の

正巳座頭市

社長、父その人である。

自宅兼社屋の二階に、フローリングの二間をぶちぬいた三〇畳ほどの空間が広がっている。小ホールのようなスペースで、二間は珠《たま》のれんで仕切られている。のれんを開いた奥の一間が客席、手前の間は舞台。父はこのホールを会場にして、しばしば宴会を催した。新年会、暑気払い、忘年会……。社員一同で顧客や地域の人々をもてなし、日頃の愛顧への感謝の気持ちを伝えて次の仕事につなげる親睦と接待を兼ね合わせた場だ。近所に大勢の人が集まれる居酒屋などはないから、この種の宴会は二階のホールで催すのが恒例だった。

前日から社員たちが総出で手作りの料理を準備し、当日の我が家はふだんに輪をかけて大勢の大人でにぎわう。小学校、中学校と進むにつれ、集まる人々の多彩な顔ぶれにも気づくようになった。お得意さんや問屋さんなど仕事関連の人が多いのは当然だが、それ以外にもあの人は市議さん、あれは幼稚園の園長先生……。時には社員の家族にもお呼びがかかり、二階ホールには父や装英との縁で結びついた人の輪、ひとときのコミュニティが出現した。

つながりの輪は、その場に理屈や損得を超えた驚きや感動がある時に生まれやすい。例えば、散歩の途中に美しい花が咲いているのを見かけた時、そこを通りがかった人と人は思わず言葉を交わす。「何という花ですかね」「きれいですね」。同じ花に心を動かしたという共通の思い、その場に同時に居合わせた喜び。それが見ず知らずの人と人の間に、新しいつながりのきっかけを生む。翌朝顔を合わせた二人は、挨拶を交わすようになっているはずだ。一輪の花がきっかけとなって生まれるつながり。そうしたつながりを生む「花」になってみせられるのが、父という人だった。

「ほら、ミキとヨシも何か歌って」

父にうながされて幼い姉と私が舞台で歌い、大人たちの拍手と笑いが起きるのはいつものこと。私たちもすっかり場に慣れ、人の輪になじんでいた。こうして宴会がたけなわになる頃、父が衣装を変えて再登場する。

白いスーツを着こみ、手には愛用のギター。細身のスーツ姿で体のラインがいつにもまして

正巳ギター

スリムに見える。まるでどこかのプロダクションから招かれた芸能人みたいだ。

父がギターを爪弾きながらの漫談で笑わせる呼吸は心得たもので、客席とやりとりしながらみんなの聞きたがる流行歌をいくつか歌う。テレビやラジオで流れる流行歌手たちの「ものまね」ではなく、父ならではの弾き語り調。一人のアーティストのステージだ。

その時々の流行歌や演歌を江沢正巳調で歌い終えると、父は自身の好む歌の花を咲かせはじめる。選曲は父の気分次第だが、耳に残っているのは、例えばナット・キング・コールの『モナ・リザ』や『スマイル』、フランク・シナトラが歌いエルビス・プレスリーがカバーした『マイウェイ』あたりだろうか。何曲か歌い込んだ後、最後に父がプレスリーの『ラブ・ミー・テンダー』のイントロを奏ではじめると、客席の空気はぐっと濃くなる。

切実な愛を飾らずまっすぐに、けれども、ゆったりとした旋律で歌い上げた『ラブ・ミー・テンダー』。父はこの曲を最後に必ず歌う。それはいわば「黄金のルーティン」で、この曲が始まるといつも母は目を閉じて歌声に身をゆだねる。

相手への慕情が繰り返し歌われた後、曲はラストのサビのフレーズにさしかかる。ここで父は、静かに奏でるギターの音に自分の声をかぶせ、あのプレスリーがコンサートでするように聴衆に語りかけはじめる。

「本日は、装英のパーティーにお集まりいただき、ありがとうございます」〈♫〉「皆さまにお会いできたこと、本日このように皆さまと楽しいひと時を過ごせたこと、本当に幸せに思います」〈♫〉「いただいたご縁を大切に、これからも皆さまとともに楽しい人生を送っていきたいと思います」〈♫〉「今後とも、装英をどうかよろしくお願いいたします」〈♫〉

この後プレスリーなら、「……I love you！」と締めくくる。代わりに父は、それまで生真面目に述べてきたことへの照れ隠しのようにつぶやくのだ。「……よわっちゃったな！」。照れたようなこの言葉は、述べた口上が真心からのものであることの何よりの証しだった。歌はいよいよ最後のフレーズに入る。

For my darling I love you
And I always will

松江の島根ペイント時代、父は仕事の空き日にスナックなどでアルバイトしながらバンド演奏をしていたという。それが評判を呼び、地元のラジオ番組にも出演したほど松江市内では有名人だったようで、やがて戦前戦後を通じて活躍した歌手・灰田勝彦さんからスカウトの声までかかった。それほど音楽の才能や技量に恵まれていたのだが、当時と今とでは時代が違う。バンドで生活できるまでになるのは難しいからと、親兄弟はスカウトされた父を引き留めにかかった。そんな次第でプロになることは断念した父だが、歌声やギターの腕をさび付かせはしなかった。

内装会社の社長兼職人にして街のミュージシャン。こういう父のことを見知っている学校の友人たちは、私に向かってこう言ったものだ。

「お前のお父さん、変わってるよな」

本当にそうだ、変わってる。仕事に勤《いそ》しみながらも個性を押し殺さず、それをのびやかに表現して生きられる大人。みなさんと一緒に楽しい人生を生きたいと、人前で素直に語れる人。

「お父さん、変わってるよな」。子どもにとって、それは何よりの誉め言葉だった。

**ミニコンポK社のRoxyシリーズ**

そして再び、自宅での夢。

自室の外から、また父が私に声をかける。これも一九八八年の五月か六月の頃だ。

「ヨシくん、今日、一緒に買いに行こうか！」

ここでも私は生返事を返す。

「え、ああ、今日かあ……」

一緒に買いに行こうと父が言うのは、K社から発売されている新しいミニコンポのことだ。地元の府立高校に合格した直後、父から尋ねられた。

「入学祝い、何がいい？」

答えはすぐに思い浮かんだ。

「それなら、音のいいステレオがほしいな」

それまでは、小さなラジカセで音楽を聴いていた。でも、もう少し大きくてかっこいい、そして音のいいステレオがほしい。「例えば、これ」と言って、父にはお目当てのミニコンポのカタログを渡した。当時売り出し中のK社のRoxyシリーズの最新型。そのテレビCMでは、当時人気のロックバンド、チェッカーズが歌っていた。

以来、父はそれを一緒に買いに行こうと言い続けている。けれど私はその都度、部活があったり友だちと遊ぶのに夢中だったり。この日もなんとなく出かけるのがおっくうで、そっけなく答える。

「今日は忙しいから、また今度！」

一一月の初旬、父が突然そのミニコンポを持って帰ってきた。入学祝いが晩秋にまでもつれ込んだのは、私がつれない態度で一緒に出かけるのを渋り続けたせいだ。とうとう父は、一人で大阪の電気街・日本橋《にっぽんばし》まで買いに出かけた。後に母に聞いたところでは、「ヨシくんは、音楽が好きだからな。日本橋まで一緒にステレオを買いに行くんだ」と、前々から大張り切りだったという。それなのに、結局、父一人に買いに行かせてしまった。

梱包のK社の文字を見て心の中で歓喜しているくせに、何となく照れ臭いのときまりが悪いのとで、口からはまともなお礼の言葉が出なかった。

ああっ、ろくにお礼も言ってなかったんだ！

強い後悔の念が私を夢の水面へと押し上げ、次の瞬間、私は母の病室で目覚める。父がミニコンポを買って帰ったあの日から、まだ三週間しか経っていないことに愕然とする。

## 目覚め

「同じ夢だ」

目が覚めると、病室の床に敷いた布団の上でうずくまっていた。鼻先に母のベッドの脚があり、少し体を動かすとベッドのフレームに頭がぶつかる。傍らでは、姉が丸椅子に腰かけて母の顔を見ていた。

米子の病院に駆けつけた当日の夜かその翌日から、私と姉は母のベッドの下に布団を敷かせてもらった。意識不明の母にできる看病など、本当は何もなかった。だが、もしかしたら訪れるかもしれない万一のその時、母の傍にいたい。この思いを病院が察してくれた。

私たちは買い込んできた布団を、ベッド横の狭い床に押し込んだ。二人並んで寝る余裕はないから交代で体育の時のように布団に三角座りして休み、やがてエビのようにうずくまって眠りに落ちる。その頭上で、酸素マスクを当てられた母が横たわり続けていた。


しばらくして名古屋に住む母方の大島ゆり子伯母が、長期休暇を取って駆けつけてくれた。交代で病室に詰めてくれたおかげで、私と姉は近くのビジネスホテルで休むことができるようになった。不思議なのは、そこで二人が何度となく同じ夢を同時に見たことだ。

「みんなで旅行に行ったホテルのステージでパパが歌っている夢を見た」

「えっ、それ、私が見たのと同じ夢だ！」

こんな会話が繰り返された。宴会で寸劇を演じる父、プレスリーナンバーを甘く歌う父、旅先のホテルのステージで歌ってプロと勘違いされた父……。

だが、懐かしい夢は悲しみの導火線であり、底なしの不安に通じる入り口だった。懐かしければ懐かしいほど、その父が今はこの世にいないという思いは募る。ベッドに並んで腰かけて涙にくれ、次に二人の口から出るのは母の命のこと、そして、これからの自分たちの生活や人生への不安だ。

「お母さん、もう死ぬのかな?」「お母さんもいなくなったら、ボクら、これからどうなるかな?」「会社をたたむとなったら、あの家も売らないといけないのかな?」

私はもちろん姉も答えなど持っていない。二人の会話のほとんどが、「疑問形」のまま宙に浮いた。泣きながらとりとめのない会話を続けることに疲れた頃、姉が言う。

「とにかく、二人で看病しよう」

疑問符のつかない形で口にできるのは、それだけだった。


**「……のカーテンは?」**


悲しみや不安を語り明かして再び病院に向かい、昏睡《こんすい》状態の母の顔を見て過ごすうちに日にちや時刻は意味を失い、時間の流れは凍り付いた。その凍った流れにかすかな動きが生まれたのは、看病を始めて一週間後だったかもしれないし二〇日ぐらい後だったかもしれない。その日、母を見守っていた姉と私が、どちらからともなく小さな声をあげた。

「あれ?」

目を閉じて横たわる母の表情に、わずかな変化が読み取れる気がした。眠るように目を閉じていた母の表情が、少しだけ違って見える。

「眉間にしわを寄せてない？」

昨日まで、いや、ついさっきまで、こんな表情はしていなかったはずだ。見つめるうちに、酸素マスクを着けた顔が少し横に振れた。辛くていやいやをする時の動きに見えた。

「ママ！　ママ！」

二人は母の手を握って呼びかけ続けた。しばらくすると母の表情は再び元の寝顔に戻ってしまったのだが、この時を境にして同じことが起きるようになった。時には薄目を開けているようにも見え、私たちは活気づいた。

「ひょっとしたら、目を覚ますかも」

母の表情を前にもまして真剣に見つめるようになってから数日後、母がまた苦しげに眉間にしわを寄せた。その直後、瞼がゆっくり開いたり閉じたりし始めた。

「ママ！」

その直後、母の口元がわずかに動いた。

「何か言ってる！」

私が母の耳元に口を寄せて大声を出す。

「どうしたの？　何？」

母の声が聞こえた。

「……さんのカーテン、どうなってるの？」

それを聞いて、私たちの口から同時に驚きの声が上がった。

「仕事の話をしてるよ！」

母にとって、旅先の車中で父と仕事の話をするのはいつものことだった。旅行の翌日はどこそこで内装工事だ、誰それさんのカーテンの仕立てはいつまでだ。どこに出かけてもそんな言葉を交わしながら、二人は二〇年も一緒に働き続けてきた。もしかしたら事故に遭ったその瞬間も、二人は「……さんのカーテン」の段取りを話していたのかもしれない。

間もなく母の目は再び閉じられたが、今しがた母は、たしかに目を開けて意味のある言葉をしゃべった。私は母を見守りはじめて以来、初めて思った。

ひょっとすると、助かるかもしれない。

**「ウソ」の始まり**

病院の待合室で、ぼそぼそと「密談」が交わされていた。

「誰が言うの？」

「え、アタシ？　むりむりむり、私には無理」

話し込んでいるのは、私たち姉弟と看病や見舞いに駆けつけてくれた親戚一同。話し合われていたのは、奇跡的に意識を回復した母への対応だった。

「……さんのカーテン」のことを口走った母は、それから徐々に目覚めることが増え、そのたびに意識もはっきりしてきた。それを診て、医師も命だけは奇跡的に取り留めるかもしれないと考えはじめた。事故直後の大手術は、腹の中で飛び散った脾臓の破片を寄せ集めて団子のようにまとめるという凄まじいものだったという。それほど激しい内臓損傷からの意識回復はまさに奇跡。まだまだ予断を許さない容態であることに変わりはなかったが、「命は取り留めるかもしれない」というところまできたことに、私たちは狂喜した。

だが、そのことは家族や親族、中でも姉と私が大きな問題に直面することを意味する。弱々しいながらも口にする言葉の量が増え、自分が交通事故で重傷を負ったことも理解しつつある母。回復したその意識は、間もなく一つの疑問にたどり着くはずだ。車を運転していた父はどうなったのかという疑問だ。

そこに思い当たった一同は頭を抱えた。

「どうする？　絶対に聞いてくるよ」

母は遠からず父の安否を尋ねてくる。私たちはその問いから逃げることはできない。だが、どう答えたものだろう。あの事故で父は即死し、母が意識不明のあいだにお骨になってしまった。それを知ればとてつもないショックが症状を悪化させ、取り留めたはずの命は再び遠ざかっていくのではないだろうか。こうして近親者が密談することになった。

意識を取り戻したぶん、これからは母自身が大きな苦痛に耐えて治療に立ち向かわねばならない。ここで父の死を知れば、その意欲が失われる。そのことを心配した誰かが言った。

「本当のことを言ったら、幸枝さんが生きる気力をなくしてしまうよ。言わない方がいいんじゃないか？」

これを聞いた私は、姉と顔を見合わせてうなずいた。何を差し置いても、どんなことをしてでも、母に生きてほしい。そのためには、父がこの世にいると装うほかないと思った。

「でも、『生きてる』って、誰が言うの？」

考え込む一同の前で、姉と私が言った。

「ボクらが言います」

正直に言えば、私たちはこの時もまだ、毎晩のようにホテルで父のことを思い出しては涙していた。だが、母に生きてもらうためなら、涙腺をテープでふさいででもウソをつくしかない。それは子どもである自分たちがしなければならない、せめてもの務めのように思えたのだ。そして、その務めを果たす時は、すぐにやって来た。

数日後、目を覚ました母が、弱々しい声で言った。

「パパは大丈夫なの？」

「パパ」という言葉で涙腺が条件反射を起こしそうになるのをこらえ、私は顔に穏やかな表情の仮面を張り付けて明るい声を出した。

「うん大丈夫。だけど、パパの方も首の骨が折れる重傷で、別の病院に入院してる」

父の「重傷」を聞いた母の顔に、驚きの表情が浮かぶ。それを見て、私はもう一歩前向きな話を上塗りした。

「今は動かすことも話すこともできないけど、ママも早くよくなって一緒に看病しよう」

病院の医師や看護師には事情を話し、口裏合わせを頼んだ。この時が、それから続く壮大なウソの始まりだった。私たちは、母の前で涙する自由をみずから捨てたのだ。


やがて口を開く回数が増えた母の前では、奇妙なことが起きはじめる。例えば、姉と私、名古屋のゆり子伯母、それに松江から来てくれた伯母の四人がパイプ椅子に座ってベッドの母を囲んでいたある日。みんなと少し雑談を交わした後、母がふと思い出して私に尋ねる。

「パパの具合はその後どうなの、ヨシくん？」

そのとたん、座っていた伯母たちがそわそわしはじめる。私はお手洗い、私は売店といった調子で、そそくさと病室を出ていくのだ。その後ろ姿は姉と私にこう語っていた。ミキちゃん、ヨシくん、ごめんね、二人でなんとかうまく取り繕ってちょうだい。

こんな具合に、父の話になるたびに病室から人の姿が消え、残るのは子どもたちだけ。母が「パパ」と言ったとたん親戚が席を立つ光景は、今こうして書けばコントみたいだが、私たち姉弟にとってウソを一手に引き受けるのは想像を絶する苦行となった。

父親を亡くした子どもが、誰よりもすがりつきたい相手は母親だ。ところが、私たちは、母の前では父の死による悲しみを言葉はもちろん表情に出すことさえできない。悲しみを誰よりも分かち合うべき人の前で、その悲しみ自体を隠さねばならないという矛盾。この矛盾を背負って心に鍵をかけられたようになった年末、私は母の病室で一六歳になった。

**「学校はどうなってるの？」**

寝たきりのベッドに、いつの間にか教育熱心な母が帰って来ていた。考えてみれば、それもまた時間の問題だったのかもしれない。

冬のある日、母がとんでもない事実に気づいたという調子で口を開いた。

「ねえ、ちょっと。アンタたち、どうしていつもここにいるの？」

寝返りを打てない体で天井向きに発したその言葉には、子どもたちを問い詰めて懲らしめる時の母の声色が交じっている。

「『どうして』って、それは……。」

「そりゃあ、お母さんの体が心配だから」

緊張を隠して姉と私は当たり前じゃないかという感じで答えるが、母は納得しない。

「そんなこと言ったって、学校はどうなってるの？　二人とも、どうしてこんなに長いこと米子にいられるの？」

だから、それは……。答えを返しかけてグッと詰まる。やばい。たしかに今日は平日。いや、

「今日は」どころか、ふた月近く学校を休んで遠く米子の病院に詰め続けている。どうしてそんなことができるのかと言えば……。

米子に駆けつけて以来、私は一週間に一度ぐらいの割で高校の担任に連絡を入れていた。父は即死、母は意識不明の重体。最初にそれを告げてからというもの、担任にはまだ復帰できそうもないと繰り返していた。担任は慰めたり励ましたりしてくれたが、電話する私の胸の内にあるのは、どうせ今の高校は辞めることになるという思いだ。装英の存続は難しいという見通しのもと、私は退学して伯父の家に身を寄せることを覚悟していた。つまるところ、私たちが母の病室にいつもいられるのは学業継続をあきらめているから。そしてそれは、父がもはやこの世にいないからだ。

だが、母の手前、父は重傷ながらも生きている。母の問いにうかつな答え方をすれば、ドミノ倒しのようにそのウソがばれ、取り返しのつかないことが起きてしまう。姉も私もそのことに思い至り、内心の緊張を懸命に笑顔で隠した。

「パパやママが治療中なのに大学なんか行ってられないから、辞めて働こうかと思ってるんだ」

姉がまるで何でもないことのようにこう言うと、私も調子を合わせる。

「ボクも今の高校は辞めて、いっそ松江に住もうかなと思うんだよね。伯父さんもそう言ってくれてるし」

それを聞いた母は天井を向いたまま、意識が回復してから初めて怒りをあらわにした。

「辞めるなんてとんでもない！　絶対にダメよ！」

大学は続けなさい、高校だけは卒業しなさい、学校を放り出してこんなところにいてはいけない、早く学校に戻りなさい。もともと教育熱心な母親らしい言葉が、矢継ぎ早に続いた。

その時、甲高い音が聞こえた。ピッピピッピピッ……。

母の体につながれた医療機器の警告音。心拍や血圧などをモニタリングしている機械が、怒りによる急変に反応したのだ。意識が回復したに過ぎないこの時期、心拍や血圧の急変は命にかかわる。慌てて看護師を呼びに走った。

その日の夜、姉と私は相談した。自分たちの学業のことに話が及びはじめたからには、このまま病院に詰め続けると危ない。話のたびに母は興奮し、容態は悪化する。話が掘り下げられて父の死が露見しようものなら、そのショックは間違いなく母の命を縮める。

「『学校は辞めない』と言って安心してもらわないと……」

「そのためには、いったん高槻に帰るしかないね」

こうして急転直下、私たちは高槻の自宅に戻ってひとまず学業を再開することを決めた。日常の看護はゆり子伯母に託し、私たちの方は週末にでも米子に通って見舞う。「大学、辞めないから」「高校に通うから、高槻に戻るね」。そう言って私たちは、寝泊まりしていたビジネスホテルをばたばたと引き払った。

第一報を聞いたあの日から、すでにふた月近くが過ぎていた。ホテルと病院という狭い世界を往復している間に年が明けて一九八九年になり、世間では新年早々に元号が「昭和」から「平成」に改まっていた。

# 第二章

# 出口の見えないトンネル

## 野良犬のような生活

夜一〇時過ぎにもなって、また自室の電話が鳴った。のろのろと立って受話器を取る。自分が電話を受けるのは、この日だけで九回目か一〇回目だ。胃の辺りがチリチリするし、心臓の鼓動も速い。大きくひと息吸ってから、手にした受話器に向かって口を開く。

「はい、装英です」

自宅と会社の兼用回線だから、相手が顧客のつもりで出る。だから友人からは、「お前の家にかけると『装英です』って答えるからアセるわ」と言われたものだ。案の定、この夜半の電話相手は装英の顧客。それも強烈なクレームの電話だった。

〇月〇日にカーテンの取り付け工事のはずだったのに、ちっとも来てくれないではないか。音沙汰なしで、いったいどうなっているのだ！

両親の事故で工事にうかがえなくなったお詫びや事情説明が漏れていたらしい。相手の怒りはもっともだ。私の口から説明するしかなかった。社長が出先での交通事故で急死。残務については残った者で検討しているので、改めて連絡を差し上げる。

「本当に申し訳ありませんでした」

思いつく中で一番ていねいな言葉で謝り、自室でぺこぺこと頭を下げる。

この種のクレーム電話は、高槻の自宅に戻って来てから何度となく受けた。そのたびに両親の事故と父の死を、自分自身の口で話さなければならなかった。おまけに、電話してきたのは顧客だけではない。報道で知ったのか、事故のことを興味本位で尋ねてくる人も少なくなかったのだ。相手はこちらが故人の息子とまでは思っていないから、尋ね方も無遠慮なものだ。私には、相手が顧客なのかただの野次馬なのかを区別する術はない。聞かれるままに、親の悲惨な最期を必死の思いで説明する。そのたびに辛い記憶が自分自身の口によって蒸し返され、心に負った傷のかさぶたを自分で引き剝がさねばならない。米子から高槻の自宅に戻ってからの姉との二人暮らしは、こうして平穏とは程遠いところから始まった。

例えば、日々の食生活。夕方、姉が大学からの帰りに食材を買い込んでくる。姉が下ごしらえする間に私がホットプレートやら焼肉のタレやらを出し、二人で手間のかからない鉄板焼きを食べる。食べ終えた食器類は流しの水に漬けて置くのだが、実際に洗うのは翌日の夕食前。洗い終えたその食器で、今日も鉄板焼きにするか、それとも鍋にでもするか。食後に再び食器類は流しに突っ込まれ、また翌日まで放置される。こうして鉄板焼きか鍋、せいぜい既製品の弁当で済ませる日が延々と続いた。私と姉にとって衣食住の生活全体が、まるで何かの「ついで」のようなものになった。

後年、この時期の二人の生活をふり返った姉は言う。

「野良犬のような生活だったわ」

まだ子犬に近い私たち二頭の野良犬が食後に話すのは、装英や自宅がいつまであるのかといった不安ばかり。その出口の見えないトンネルの中で、数少ない希望が母の回復への期待だった。この希望を確かなものにするには、母に回復への意欲を持って治療に耐えてもらわなければならない。そのために子犬たちにできるのは、学業復帰した自分たちの姿を見せて励ますことぐらいだ。私たちは、学業の合間に母を見舞う計画を立てた。

**立ち読み**

すでに長期欠席していたから、これ以上むやみに学校を休めない。母を見舞えるのは週末だけだ。新幹線と特急を乗り継いで米子に向かい、例のビジネスホテルに宿を確保して病院に出向く。一泊か二泊して高槻に引き揚げる頃、今度は姉が来て看病を引き継ぐ。二人のスケジュールを突き合わせてシフトを組み、都合のつかないウィークデーの看病を名古屋のゆり子伯母に委ねた。

こうして週末の米子行きが定例化したのだが、それは別の苦しみの始まりだった。せっかく米子に出向いても、病室の母から早々に追い立てを食らいはじめたのだ。

病室を訪ねた私は、苦痛に耐えてひたすら天井を見て横たわる母に、家の様子や復帰した学校のことなどを話して気晴らしに努める。もちろん「野良犬のような生活」には触れず、学業復帰して元気に暮らす高校生を演じて。話が途切れたら、「水飲む?」「テレビの音だけでも聞く?」と、御用聞きに回る息子。だが、近況報告と御用聞きだけで半日を埋めることはできない。話すこと、やることが尽きた頃、母が言いはじめる。

「どうして私のところばっかり来るの? パパを放ったらかしじゃダメでしょう」

怒りはじめる母の横では、またもやモニタリング機器の計測値が上昇する。

「もうこっちはいいから、パパの病院の方に行きなさい」

ウソはどこまでも付いて回る。たしかに父が同じ市内で入院中というのに、子どもがそれを見舞わないという選択はあり得ない。父のところにも行けと言われれば、母の病室にとどまり続けることはできなかった。

「わかった、じゃあ、パパのところに行ってくる」

私は暗然としながら母の病室を後にして、見知らぬ街へとさまよい出た。

米子市のことなど知らない高校一年生は、ふらふらと歩き回った。父を見舞ったと装うには、三時間ぐらいはどこかで時間をつぶさなければ。LINEもオンラインゲームもないこの時代、高校生が時間を潰せそうなのは本屋かゲームセンター、ファストフードぐらいのものだ。私が流れ着いたのは、市内のどこかで見つけた大きな本屋だった。

読みたい本などあるわけではないし、あってもこの状況で読み続ける気になどなれない。ただ時間が過ぎてほしい一心で、適当に手に取った本を開いてページに目を落とす。視線は字面をたどっているのだが、頭には何も入ってこない。しばらく恰好だけの立ち読みを続けてから、腕時計に目をやる。二〇分は過ぎたと思ったのに、まだたったの一〇分。ため息をついて店内をうろつき、別の書棚でまた違う本を手に取る。うろうろ、きょろきょろ、うろうろ、きょろきょろ。形だけの立ち読みを繰り返した挙句、動かない時間に音を上げた私は店を出て、再びあてもなく街を歩きはじめる。

同じことが毎週末繰り返され、そのたびに思った。自分は何をしているのだろう。

母の看病のための旅先で、立ち読みして時間をつぶす週末。少しでも長く母の傍にいたいのに、街をふらつくだけの数時間。母を見舞う時間が街をさまよう時間になり、母に生きてもらうためについたウソが自分の心と体から自由を奪うギプスになった。

週末のたびに本屋を皮切りに街をほっつき歩いた末、母の病室に戻る時間がようやく近づく夕暮れ時になると、きまって私は一つのことをした。病室に戻れば、必ず父の様子を尋ねられる。それにどう答えて取り繕うか、妄想じみたシミュレーションをするのだ。前と同じことを言ったのでは、母がおかしいと疑念を抱く。勇み足にならない程度に、少しずつ答え方を変えなければ。顔色はよくなったように見えた、呼吸の様子はしっかりしていた、血圧や心拍は安定しているようだ。……今日はどのバージョンでいこうか。

毎週末の米子市。旅先の見知らぬ街で一人、ウソを考えながら一日が暮れた。

# 写真のない高校時代

## 「オレが運命を変えてしまったのだろうか？」

リモコンを押したとたん、部屋全体が息を吹き返したように音があふれかえる。父が死の直前に買い込んできてくれたミニコンポ、Ｋ社Roxy G5。ラジカセなんかとは音が全然違う。そう思いながらベッドに仰向けになると、氷室京介の歌声がシャワーのように降り注いでくる。曲は「ALISON」。バラードに身を包まれた後に続けて流れるのは「LOVER'S DAY」、そして尾崎豊の「OH MY LITTLE GIRL」。繰り返し聴くのは、どれも両親の事故の前からハマっていた曲ばかりだ。学校から帰宅して音楽に包まれるこの時間だけは、事故の前の自分と地続きだった。

この数少ないストレス発散の時間、ガンガン音を鳴らしていると、自分に取りつく妙な考えを頭から追い出すこともできた。心にギプスをはめられたようになってからというもの、私にはおかしな考えがまとわりついていたのだ。

オレが運命を変えてしまったのだろうか？

そんなことはないとわかっていても、この思いは繰り返し頭をもたげた。どうして数ヵ月前と今とでは、こんなにも人生が変わってしまったのか。それを思い詰めていくうちに、運命を変えてしまったのはこの自分なのではないかという妄想に行き着くのだ。妄想の中で両親の事故を呼び寄せたことになっているのは、私の高校進学時の志望校選択だった。

もともと中学校では、私立高校に進むつもりで勉強していた。当時の高槻市の中学校には「地元集中」という教員たちによる奇妙な運動があり、生徒の多くが地元の公立高校に割り振られて進学させられた。担任がウンと言わない限り私学受験もさせてもらえないという、今ならあり得ない進学指導だ。その中にあって私は、幸いなことに私学受験の内諾を得ていた。それこそ教育熱心な母のおかげだ。

ところが、私が最終的に受験したのは、地元の府立芥川高校だった。中学でラグビーに熱中していた私は、芥川高校にラグビー指導で名を知られた先生がいることを知り、私学受験のチャンスを捨てて地元高校を選んだのだ。

芥川高校ではもちろんラグビー部に入り、間もなくスタンド・オフというポジションを与えられた。スクラムから出たボールを真っ先に受け取り、次の展開を見通してキックしたりパスしたり。攻撃の方向を決める司令塔のような役回りで、ボールに触れる機会も多い。一年生の時にセンターを希望したこともあるのだが、先生から「江沢のキックはナンバー1だから」と説得されてスタンド・オフに戻され、ゴールキックのキッカーも務めた。思い通りにラグビーで活躍の場を得て、高校生活の滑り出しは順風満帆だった。

だが、私の頭はこの志望校選択に妙な意味づけを始める。

それがいけなかったんじゃないか？　高校でもラグビーを続けたいなどと言い出さなかったら、事故は起きていなかったんじゃないか？　オレが進学先を変えたことで、何かの「流れ」を変えてしまったんじゃないか？

野球などで「エラー一つで試合の流れが変わる」と言う時の「流れ」。私が進学先を変えたことで家族の「流れ」が変わり、両親の事故と父の死というとんでもないことが起きたのではないだろうか。こうして私は志望校選択にまでさかのぼり、まるで占い師のように頭の中で「流れ」や「運命」をこねくり回した。いきなり人生を覆ってしまった闇。その闇を理解するための理屈を、無意識のうちに探し求めていたのかもしれない。

突然ブレーカーが落ちて家中の照明が消えた時の深い闇は、親が「そろそろ消すよ」と言いながら消灯した時の暗さとは違う。自分の人生のブレーカーが突然落ちた後の闇の中で、私は必死に手探りしていた。

## 「とりあえず」の私

学校に復帰した後、母を見舞う都合でやむを得ない時以外に欠席したことはない。勉強も何とか遅れを取り戻し、二年生への進級時には進学クラスに入った。家では相変わらずの「野良犬のような生活」だったが、学校での私は人並みに勉強しながら復帰したラグビー部で汗を流し、たまに仲間とバンドの練習もする高校生。傍目には元通りの生活だが、「闇」はその細部に宿った。

両親の事故の前、ラグビー部の練習を終えた後の楽しみは、近所の駄菓子屋近くで仲間とたまる時間だった。学校の先生を茶化してネタにするヤツがいたり、仲間とのいじり合いが漫才のようになる連中がいたり。近くに繁華街があるわけでもなく、缶ジュース片手に延々と続くおしゃべりで時間が過ぎる。遅くまで続く馬鹿笑いに怒ったご近所が交番に通報した時は慌てたが、それも田舎の高校生らしい笑い話だ。そういう場で、目立ちたがりの私は率先して冗談を言って笑わせる側であり、誰かのバカ話にまっさきに「あほか！」と突っ込みを入れて笑いの輪を広げる側でもあった。

長期欠席から復帰した後も、目の前には同じ光景があった。同じように駄菓子屋あたりにたまったり、数人で友人の家に押しかけてしゃべったり。だが、そこで私は気づいた。以前なら笑えたはずのことを笑うことができない。どうでもいいことを面白がることができなくなり、それはいつまでも「どうでもいいこと」のまま。冷めた心は無反応になり、仮面だけが笑顔を作るようになっていた。

前と同じように仲間の冗談に「あほか！」と突っ込むことはあっても、それは、とりあえずその場での役回りだから。みんなでワッと盛り上がれば自分も一緒に笑うのだが、自分の笑い声が他人の声のように聞こえる。ふっと頭をよぎるのは、母は回復するだろうかという不安、装英はどうなるのだろうかという不安、自分はいつ松江に引き取られていくのだろうという不安。それを口には出さず、みんなが笑っているから、とりあえず私も笑う。

私が通った当時の芥川高校は、一学年が一二クラスというマンモス校だった。学年で私の両親の事故のことを知っているのは、担任が事情を話してくれたクラスメイトぐらいだ。だから部活動などでも両親の事故のことを「大変だったな」と話してくるのは、特に仲のいい友人に限られていた。それはむしろ私にとって、ありがたいことだったかもしれない。

「お袋さんの具合はどうなの」と気遣われても、私は心の中で首をかしげるしかない。回復するんだろうか？　「お前ん家の会社はどうなるの」と尋ねられれば、私は逆に尋ね返したい気分になっただろう。どうなるんだろう？　「大丈夫か」と尋ねられても、私は自問するしかない。大丈夫なんだろうか？　……何かを問われても答える材料が何一つない。不安や愚痴を口にして「かわいそう」と思われでもすれば、自分が「みじめ」なヤツに成り下がってしまいそうな気もした。だから私は、とりあえず黙っている。

こうして「闇」は、複雑に折りたたまれた気持ちの折り目に宿った。母の看病に出かけても、ウソを取り繕うために、とりあえず街を歩く。学校の仲間たちの前では、とりあえず突っ込みを入れ、とりあえず一緒に笑い、とりあえず黙っている。いつの間にか私は、冷めきった「とりあえずの私」になっていた。だからこの時期、売られてくる喧嘩は妙に積極的に買った。番長でも不良でもないけれど、売られたものはとりあえず買うよ、と。

## 「『目』が死んでる」

当時の記憶を掘り起こしたくて写真を探しても、高校時代から数年間の写真はほとんど残っていない。必死でウソを取り繕いながら看病することがすべての中心になり、写真を撮る場面もその気持ちもなかった。だから「とりあえずの私」は、写真にも残っていない。形のうえでは復帰できたはずの高校生活だが、そこに楽しさを感じることはもはやできなかった。そんな状態の私を、学校の担任が心配してくれた。

両親の事故直後から連絡を取り合っていた担任は体育の先生だった。三〇年以上前の学校にはよくいた、いつも竹刀を持ち歩くタイプの先生。だが、面白くて人気のある先生であり、気がかりな生徒を放っておかない先生でもあった。長期欠席から学校に復帰した時点では、杓子定規に計算すれば私の出席日数が不足する可能性もあった。だが、この先生は「そんなことは心配するな！」と言ってくれた。出席日数のことは担任のオレが何とかする。「その代わり、お前、勉強しろよ！」。そのおかげで二年生進級と同時に進学クラスに入った私を、この先生は受け持ちではなくなった後も気にかけ続けてくれた。

この先生から呼び出しを食らったのは、二年生のある日の休み時間のことだ。呼び出しの直接の理由が何だったのか覚えていないが、特に大きなトラブルを引き起こした記憶はないし、勉強の方もまずまずのはずだった。私にとっての問題は、折りたたまれた心の中にあった。自分の中には「とりあえずの私」しかいない。それは外からは見えない私だけの問題、私にしか見えない闇。そう思っていた。

だが、先生は私を見据えて、強烈なひとことを口にした。

「江沢、お前は『目』がダメだ」

先生が言葉に力を込めたのは、私の素行や学業のことよりもまず、心の窓とも言われる「目」のことだった。

「『目』が死んでる」

図星を指された気がした。仲間にとりあえず調子を合わせて笑っているけれど、目の奥に笑いはない。勉強も部活動もとりあえずこなしているが、瞳の向こうに熱がない。何をしている時も、そこにいるのは「とりあえずの私」。元担任の体育教師は私の心の窓を覗き込み、そのことを見抜いていたのだ。

「しゃんとせい。お前がそんなことでは、お父ちゃん、泣くぞ。頑張れ」

返す言葉はなかった。そうだ、しゃんとしなければ。頑張らなければ。

だが、次の授業に食い込むほど長く続いた説教に、はい、はい、と答えながら、私にはどうしても解けない問いが残り続ける。

何のために頑張るんですか？　何に向かって頑張るんですか？

例えば、勉強を頑張ったところで、その先の進学費用を工面してもらえるあてはない。仲間とラグビーを頑張ったところで、次の月には遠く松江に引き取られていくかもしれない。確かなことが何一つない自分にとって、いったい何のために、何を頑張ることが、「とりあえずの私」ではなくなる道筋なのだろうか。

それを先生には反問しなかった。他人に尋ねてはならないことのような気がしたし、尋ねてどうにかなることに思えなかったからだ。自分が頑張る意味は、自分で見つけるしかない。「とりあえずの私」を本当の「私」にするために必要なものは、私自身にしか見つけられない。自分で自分に「いのち」を吹き込まなければ、私は本当の「私」を生きることはできない。吹き込む「いのち」の種になるものを求めて、毎日のように一六年の人生をふり返った。

## ビールと漬物

### 親子喧嘩

突然ブレーカーが落ちて深い闇に閉ざされる前のことを繰り返し思い返していると、懐かしさやおかしさと一緒に、小さな痛みを伴う一つの思い出に突き当たる。それはさほどドラマチックな事件や体験というわけではなく、貝殻の破片のようにいびつで小さなできごとに過ぎない。かけらの中に見えるのはここでも他界した父の姿だが、ステージに立っている時とは違って、ここでの父は少しばかりだらしなく酔っ払っている。

商売をしていた父には外食の機会も多かった。ただ、近所に居酒屋の類いは少なく、一番の行きつけとなったのはあるお寿司屋さんだった。そこの板前さんが後年独立してからも「めちゃくちゃ覚えてるわ〜。変わったお父さんやったなあ」と思い出してくれるほどの常連だった父は、店にお気に入りのマイグラスを一〇個も預けていたという。ビールを一口か二口で飲める小ぶりのグラスだ。だが、ひいきの店に父が持ち込んだのは、マイグラスだけではなかった。

父が飲むのはキリンビールと決まっていた。入ったお店がアサヒやサッポロしか扱っていないことも珍しくないのだが、父はそんなことでめげたりしない。そういうことならと、次の機会には三本か四本のキリンビールの小瓶と我が家にあった漬物とを一緒に携え、意気揚々とお店に向かう。持ち込んだ漬物を肴に、これまた持ち込みのキリンで一杯というわけだ。最初はお店も、「困った客だ」と面食らっただろう。だが、父は人懐っこい笑顔で「お勘定の時、『持ち込み料』を取ってくれて構わないから」。こう言ってうまそうに自分だけのキリンを飲む父の姿は、いつしかお店でおなじみの、愛すべき光景になった。

キリンビールは「小瓶」に限るという父は、飲み方にも一風変わったこだわりがあった。いつも我が家には、冷蔵庫で冷やした小瓶と常温のまま置かれた小瓶とがあった。家で晩酌する時、父は冷えたビールと常温のビールを出してきて好みの温度に割り、これまたおいしそうに飲むのだ。家族旅行に行く時も、キリンビールの小瓶と漬物は必携アイテムだった。それほど強いわけではないから量はほどほどだが、飲むのは好き。そんな父が酔って上機嫌になるのは、幼い頃から見慣れた光景、珍しくもない姿だった。

だが、ある日の酔った父の姿だけは、砂浜で見つけた色鮮やかな貝殻の破片のように記憶の中に残っている。鮮明なかわりに、触れると角のチクリとした痛みを感じる記憶の破片だ。

私が中学一年生か二年生だったある日の晩、深夜〇時近くのこと。外でマイグラスを傾けてきたのか家で晩酌を重ねたのか、父のエンジンの回転数が上がっていた。あ、酔ってるな。そう思った次の瞬間には絡まれていた。

「おい、ヨシくん！　装英、継ぐか！」

真夜中、中学生の息子相手に将来の人生設計を問う酔っ払った親父。

はあ？

それが正直な感想だった。ほとんどの中学生にとって、社会に出て働くというのは先のまたその先の話だ。そんなことを今から考えて生活している中学生なんて、当時はもちろん今だって少ない。いきなり「継ぐか」と言われても、子どもに「はい」も「いいえ」もない。

いやいや、そういう理屈以前の話だ。もう寝なくてはと思いかけていた真夜中、酔ってこんな話を吹っかけてこられたこと自体に私はムッとしていた。「ったく、酔っ払っちゃって」と心の中で舌打ちしながら、反抗期の私は一歩余計なことまで口走った。

「継がない！」

そんなことを決意していたわけではなかった。それどころか、商売人の息子だから、もしかしたら父の跡を継ぐことになるのかなという微かな思いぐらいはあった。だが、突然の「継ぐか！」でキレた思春期の男の子は、「継がない！」と応戦していらだちをぶつけた。それが開戦の合図。問答無用に拒絶された父としても、ボルテージを上げざるを得ない。

なんでだ！

そんなこと言われたって、今まで考えたことないし。

今の考えは言えるだろう。

いや、今はわからない！

なんでだ！

……こんな言い合いになり、不毛な応酬が真夜中の我が家で続いた。酔っ払いと反抗期の対決。その場を収めてくれたのは、頼りになる姉だ。

「ねえねえ、二人とも、もうやめなさいよ、夜中なんだし。そういうことは、今度落ち着いて話し合えばいいじゃない！」

こうして、小さな親子喧嘩は終わった。

不思議なのは、その喧嘩の後のことだ。口論の後、父は二度とこの話をつつき返すことはなかった。私に「（装英を）継ぐか」と問いかけてくることはなかったし、「継げ」と命じることも頼むこともない。そのまま数年が過ぎ、父は前触れもなく、二度としゃべることができない身になってしまった。だからこそ、珍しくもない親子喧嘩が、色鮮やかで、けれども微かな痛みを呼び起こす破片のような記憶として残った。

あの時、酔っ払った父は私に「うん、継ぐよ」と言ってほしかったのかもしれない。だが、私がそうは言えないまま、会話は宙ぶらりんのまま途切れた。この記憶がよみがえるたびに、父がもう一度しゃべってくれないものだろうかと思った。映画『バック・トゥ・ザ・フューチャー』のように、時間をさかのぼってあの口論の場に戻ったら、今度は自分は何と言うだろう？　そんなことを繰り返し夢想しているうちに思った。

父は二度としゃべることができない。それなら、自分の方が何かを答えることでしか、この会話は完結しない。

姉と二人で「野良犬のような生活」を始めてからしばらくして、装英の事業をすぐにたたむという話がひとまず保留になった。重体から脱した母は、意識がはっきりしてくるにつれ、一刻も早く回復して父を看病する側に回ろうという気になっている。その口からは、いずれは自分が病室で装英の経営事務を執りながら父の復帰を待つという意欲まで語られるようになった。その意欲を生かすには、何とか会社を存続させておかなければ。紀彦伯父たちがそのように考えてくれたのかもしれない。幸いなことに、かつて装英で働いた経験のある母の弟、高瀬進叔父さんが復帰し、両親のいない装英の実務を手伝ってくれることになった。母が生還してくれたおかげで、早々に会社を閉じる事態だけは避けられたのだ。

もちろん両親抜きの会社がいつまで続くのかはわからないし、母がどこまで回復できるかも未知数だから、私たち姉弟の不安が消えたわけではない。経営状態次第ではそれぞれの学業は打ち切られるだろうし、高槻で暮らし続けられる保障もない。両親のいない我が家で、二人が先々の不安を話し合う毎日に変わりはなかった。

ただ、そんなある日、私は不安に抗うように姉にポロリと言ったことがある。

「オレが継いで、会社を立て直そうかな」

それはまだ決意と言えるような立派なものではなく、思わず口を突いて出た言葉、こぼれ出た言葉だった。会社を「継ぐ」とはどういうことかも知らず、内装の知識も技術も持たない一六歳の高校生。その自分に何ができるというあてもなければ、自信もなかった。相手が姉だからこその大言壮語とも言えるし、自分を励ますための強がりも交じっていただろう。だが、「継ぐ」という言葉を口にしてみた時、「とりあえずの私」とは違う「私」が、胸の中にちらっと顔を覗かせたような気がした。

## 花　火

「どんな写真がいいの?」

「だいたい、写真ってどこにしまってあんのよ！」

姉と二人、ぶつぶつ言い合いながら家中の棚をひっかきまわしていた。事故から半年近くが過ぎた一九八九年（平成元年）春の話。高槻市で父の葬儀を行うから、父の写真を用意しておいてほしいと紀彦伯父から連絡が入ったのだ。父の遺骨は松江の実家の菩提寺である万寿寺に保管してもらっていたが、葬儀は父が事業と生活を営んできた高槻市で行おう。親族がそのように話し合った結果、市内での葬儀が決まった。私たちが用意してほしいと言われたのは、その葬儀で使う父の遺影だ。

今の私なら、多少くだけた雰囲気でもいいから父らしい写真、例えばステージで歌う父の写真あたりを選んで引き伸ばすところだ。だが、この時、姉と私が気にしたのは、「まじめな写真にしなければ」ということばかりだった。本来なら故人の妻である母が気に入った写真を選ぶところだろうが、米子で入院生活を続ける母は父の死を知らず、葬儀自体が伏せられていた。母にも相談できずに選んだのはつまらない証明写真で、「変わってるよな」と言ってもらえるのが自慢だった父の人となりからかけ離れた遺影になってしまった。

だが、葬儀当日のふたを開けてみると、貧相な写真のことなど問題ではなかった。父の人となりは、葬儀そのものが盛大に描き出してくれたからだ。家族葬程度の葬儀をイメージしていた私は、お寺に続々とやって来る参列者を見て身がすくむほど圧倒された。大きなお寺ではないとはいえ、会葬者は本堂から外にまであふれた。難しい儀礼に疎い高校生でも、真心がこもった市議会議員の弔辞には胸が熱くなった。声をかけた覚えもないのに参列してくれた中学三年生時の同級生たちの姿を目の当たりにした時には、父を悼む自分の心を分かち合ってもらったような安堵を感じた。そして何よりも、父の葬儀に集まった人々の輪の大きさそのものに、私は悲しみだけではなく誇らしさに近いものを感じた。

葬儀で披露された父の戒名は、〈空　正體院純道養心居士位〉。万寿寺の住職によれば、まっすぐで、純粋に自分の道を進む、心の温かな人といった意味合いの戒名だという。なるほど文字を見ただけでも、本当に父らしい戒名だ。生前の父をよく知る住職は、ある会食の場で懐かしそうに父を思い出して笑った。

「ユーモアがあって、まっすぐな人で、おもしろい人だった。あんな人は、なかなかいないなあ」

同じことを父の妹であるよう子叔母さんが涙ながらに話すのも、何度となく聞いた。

「正巳ちゃんは派手で、にぎやかで、みんなを元気にする人で、最後は交通事故で花火みたいに散っちゃって。……正巳ちゃんらしい死に方だ」

この叔母の言葉はずっと耳に残り続け、今でも私はいつも花火を見ると父を思い浮かべる。人の輪を生み出す「花」になれる人だというのは、私だけでなく多くの方たちが感じていたことだったのだ。

子どもが驚くほど盛大な葬儀。その温かくて厳かな大きさを、母にも見せたかったと思った。

そしてその大きさを目の当たりにした自分自身の中に、はっきりした思いが宿るのも感じた。父の人生を、なかったことにしたくない。父の死を、無駄にしたくない。

だが、どうすることが、「なかったことにしない」ことなのだろう。「無駄にしない」ために、何から始めたらいいのだろう。すぐにその答えを見つけられない私にとって、たった一つの手がかりとなったのは、姉の前で自分が思わず口を突いて出た「継ぐ」という言葉だった。

それからしばらくして、私はあるできごとを機に装英の仕事を手伝い始めた。

## 母の転院

鳥取県米子市の山陰労災病院で、奇跡的に一命をとりとめた母。その母に伴走してきた私たち姉弟は、これからも母は米子で治療生活を続けるしかないと思い込んでいた。週末ごとの米子ツアーも、この先何年も続くことになるだろう、と。ところが、ある時、思いがけない助言をもらった。

「それじゃあ、通うのが大変でしょう。できるなら、こっちに呼びなさいよ」

こう言ってくれたのは、姉の高校以来の同級生のお母さん。「こっち」と言うのは、このお母さんが婦長（看護師長）を務める高槻市内の東和会病院のことだ。

少し前、姉の親しい友人たちが、わざわざ米子の病院を訪ねて母を見舞ってくれたことがあった。その一人である我が子から私たちの苦境を伝え聞き、このお母さん、つまり婦長さんが「転院」という方法もあることを教えてくれたのだ。先方の医師が患者を動かしても大丈夫と判断すれば、受け入れ能力のある別の病院に移すことができる。こう言って転院について一通りのことを教えた後、婦長さんはこうも言ってくれた。

「ウチの病院に転院できたら、あなたたちも簡単に見舞えるでしょう。お母さんのことは、私がしっかり看てあげるから」

それまで転院という発想さえなかった私たちにとって、ありがたい話が降って来たような気持ちだった。それなら是非と、早速私たちは米子の労災病院に相談した。寝返りも打てない母を、遠路はるばる鳥取から大阪に移すことができるかどうか。そこが一番の心配だったが、検討した労災病院の医師は救急車による搬送なら可能と判断してくれた。こうして母は東和会病院に転院し、事故から半年以上も経てようやく高槻市に戻った。

同じ入院生活とはいえ、母が地元に転院してくれたことは、私にとっても大きな転機だった。これまでほとんどの週末を米子訪問に充てていたが、その必要はなくなる。立ち読みと街の徘徊で過ごす辛い時間ともお別れだ。そのおかげで浮いた時間、私は装英の仕事の手伝いを始めてみようと思い立った。「継ぐ」という言葉には程遠いとわかっていても、自分が漏らした言葉に少しでも自分を近づける道として思いつくのはそれぐらいしかなかった。

私は装英に復職していた高瀬進叔父に頼み、現場に出る職人に同行させてもらった。土曜日の午後や日曜日のほか、夏休みや冬休みにもラグビー部の休みはある。その日に現場に入れてもらい、カーテンの取り付けやカーペット、クロスの貼り替えといった内装工事を手伝わせてもらおうというわけだ。装英が請け負う工事だからといって、現場に入るのが装英の社員職人とは限らない。仕事内容やスケジュールによってはカーペットなどのメーカーが自社の職人を出向させてくることもあるし、装英が個人職人を臨時に雇って現場を任せることもある。こうした時には進叔父から「装英の息子に手伝わせますから」と口添えしてもらい、現場に送り出してもらった。

「手伝い」と言っても、私には修業経験などない。知識も技術もない高校生にできるのは、工事の下準備や後片付けを中心とする雑用に近い仕事だ。だが、現場というのはこうした小さな仕事から動きはじめる。そのことを遠い記憶の彼方からぼんやりと教えてくれたのは、あの千里ニュータウンの家々に出没した「小さなガッチャマン」だった。

例えば、ある住宅の内壁に新しいクロスを貼る現場。だが、父に連れられて現場に乗り込んだ小さなガッチャマンが目にしたのは、クロスを貼る場面ばかりではなかった。クロスを貼る場面の前には室内片付けのどたばたした場面や、クロスを貼るどころか剥がす場面もあった。新しいものを貼るには、まず室内を片付けて古いものを剥がさねばならない。順序だてて説明されれば誰にでもわかる「当たり前」の話だ。だが、この「当たり前」を当たり前と思える記憶があるだけで、職人からの指示の聞き取り方や機転の利かせ方が違ってくる。「まず、時計とコンセントだな」。ひとことそう言われただけで、指示された作業の中身やその意味が想像できるからだ。

これから古いクロスを剝がすのだが、そのためには壁の時計や額縁、コンセント類をていねいに外して除けるところから。……こんな説明をいちいちされなくても動きだせる。連れて来た高校生がこうしてスムーズに動きはじめるからこそ職人の手間が省かれ、それは「手伝い」になる。これができるのは、元「小さなガッチャマン」の強みだった。やるべき仕事やその意味さえわかれば、時計を外すのも古いクロスを剝ぐのも特殊な技術は要らない作業だから、手伝いの仕事にはすぐになじめた。

社外の職人に付いて行く時は見知らぬ他人の下での仕事になるが、無駄に緊張することもなかった。「小さなガッチャマン」は家にいる時でさえ大勢の大人たちに囲まれて育ったし、宴会ではほろ酔いの大人たちの前で歌まで披露したのだ。こうして高校二年生の半ば頃から、私は徐々に現場の空気に自分をなじませていった。

まだ姉以外の人に「継ぐ」などと言ったことはなかった。継ぐ自信もなければ、そのために必要なことも何一つ知らない。さあ継ごうという時には、もう会社はないかもしれない。それでもこの手伝いは、自分で決めて自分で始めたささやかな「予習」だった。

# ラブ・ミー・テンダー

## 一七歳の誕生日

高校で禁じられてはいたのだが、母が高槻の病院に転院して間もなく原付の免許を取った。ラグビー部の練習が終わったら原付で病院に向かう。途中で弁当を買い込み、母の病室で一緒に夕食を取るのが日課になった。母は一人だと不安が募るという理由で大部屋に入っていたから、私たちはカーテンで仕切った中で夕食を取りながら過ごした。

母は相変わらず寝返り厳禁の身だが、以前に比べれば体調は安定している。だが、それに伴って話す時間は長くなり、母の頭の中では鳥取の米子に置いてきたことになっている父について尋ねてくることが増えた。

「首の骨が折れてるって言うけど、どの辺の骨が折れてるの?」

会話の頻度が増えれば増えるほど、母の質問も鋭くなっていく。私たちはじりじりと追い詰められはじめた。「首の骨折で会話が困難」という大雑把な説明ではもたない。母から見れば、事故から一年になろうという頃になっても、子どもたちが口にする夫の様子はいつも似たり寄ったり。実際に見舞っていないことが露見するのは時間の問題だ。それどころか、母はもしかしたら父がすでにこの世にいないことを薄々気づいているのではないか。私の中ではそんな思いさえよぎりはじめた。もうウソをつくのも限界だと思った私は、姉や名古屋から来てくれるゆり子伯母とも話し合った。

「そろそろ言わないといけないね」

永遠に父の死を隠し通すことはできない。どこかのタイミングで本当のことを告げなければならないと、私たちは覚悟を決めた。そのためには、私と姉の二人が自然な形で母のベッドを囲む機会がほしい。そこで思い当たった節目の日が、私の一七歳の誕生日だった。

一九八九年（平成元年）二月一七日。ラグビー部の練習を終えると、私は姉と待ち合わせて小さなケーキを買った。母には前もって、今日は私の誕生会を開こうと言ってある。いつもより少し早い午後六時頃、ケーキを持って病室を訪ねた。ベッドの備え付けテーブルにケーキを置き、仕切り用のカーテンを閉めた中で形ばかりの誕生会が始まった。

母の口からは私の誕生日を祝う言葉やこの一年の看病をねぎらう言葉が出たはずだが、ほとんど覚えていない。もちろん、一緒に食べたケーキの味も。食べ終えた後のことを思うと胸も頭も一杯になり、誕生会の主であるはずの私は気もそぞろ。ケーキの一口ひとくちがカウントダウンのように思えた。

母がケーキをたいらげたのを見て、私は姉と小さくうなずきかわした。話を切り出すのは私。

そう決めてあった。母の顔を見て口を開いた。

「じつは、今日、話があって」

急に改まった調子になる息子。不思議そうな顔をする母に、私は続けた。

「今まで隠してて、本当に悪かったんだけど……」

本当は一息で言うつもりだったが、できなかった。自分の顔に貼り付けていた仮面が一気に溶け出し、たちまち目の前は涙でぼやけはじめる。にじんだ視界の端っこで、姉が涙をぬぐいながら洟《はな》をすすりはじめている。話の途中で急に泣きはじめた子どもたち二人。それを前にした母が、ベッドの上で全身をこわばらせるのがわかった。

最後まで言わなければ、きちんと告げなければ。私は歯を食いしばった。

「じつは、お父さん、死んでるんだよ」

震える私の声を聞いたその直後、母の喉の奥から、それまで耳にしたことがない深くて甲高い音がほとばしり出た。尾を引くように続く、絶えることがない泣き声。幼い時から一七年間慣れ親しんできた私の「母」の声ではない。それを聞いて私は思った。

まるで「女の人」みたいだ。「女の人」みたいに泣いてる。

これまで知る「母」とは声も泣き方も違う、一人の「女の人」の泣き声。一人の女性が、愛する人を失った悲しみと絶望を訴える声。その泣き声が母の病室はもちろん、その隣の病室にも、そのまた隣にも響き続けた。長く、長く、どんな時間よりも長く。

あの米子の病院で意識を回復した後、母は初めこそ半信半疑だったものの、やがて父の存命を信じるようになっていたという。いつかは自分がその父を看護するのだと本気で念じながら、この一年余り、寝返りをまったく打てない苦痛に耐え続けていたのだ。

治療にあたる医師や看護師たちは、母に繰り返し言った。寝返りを打てなくてさぞ苦しいだろうけれど、いつか歩けるようになりたかったら、けっして寝返りを打ってはいけない。ひたすら真上を見て横たわり続けることが、治療そのものだった。その治療に耐える母にとって、天井だけが心を泳がせることができる世界になった。

一、二、三、四……。天井パネルのマス目の数を一つ一つ数える。数え終えたらまた最初から、一、二、三、四……。すり減ってつるつるになるかと思えるほど、病室の天井は母の視線によって繰り返しスキャンされた。

やがて、病室で相部屋となった人が声をかけてくれるようになった。天井を見上げているしかない母に、声の主の顔かたちを確かめることはできない。ああ、優しい声の人だな、どんな人なのだろう。そんな風に、横から聞こえる声色から人柄や容姿を想像してみることも、治療生活の数少ない楽しみの一つになった。

こうして苦痛に耐え続けて一年余り。それを支えたのは「早くよくなってパパを看護してあげなければ」という一念だった。だが、その愛する人は、事故のその日その時からすでにこの世の人ではなかった。看護はおろか、看取ることも最期の寝顔と対面することもないまま、とっくにお骨になっていたのだ。

それを知った衝撃と悲しみを和らげる言葉を、私たちは何一つ見つけることができなかった。何を語りかけても、何を説明しようとしても、母は反応しない。ただ、一人の女性の慟哭の声が、震える糸のように病棟に響き続けた。

## 『バッカス』の前で

結婚前、名古屋市で家電メーカーに勤務していた母は、その企業のバレーボールチームの選手だった。一九六〇年代半ばの話だ。大会が開催される大阪には、何度か遠征で来ていたという。何より大事なのは試合だが、せっかくの大阪旅行。空いた時間、仲間と繁華街で羽を伸ばすのも楽しみの一つだった。

ある年、遠征チームの仲間は連れだって、大阪ミナミ（大阪市の難波や心斎橋、道頓堀、千日前などを中心とする繁華街）の道頓堀から徒歩一〇分ほどのお店に入った。名前は『バッカス』。入り口は狭いのだが、中に入ると思いのほか広いホールがあって、ミュージシャンの生演奏を楽しみながら飲食できるお店だ。

その日、ホールのステージに立ったのは、彫りの深いシャープな顔立ちをした細身のミュージシャン。一曲歌い終えるたびにお客さんたちから喝采を浴びるそのミュージシャンこそ、島根から大阪に修業に出ていた若き日の父だった。父もお客の一人なのだが、なぜかステージに上がって見事な歌を披露していた。

素敵、上手だわ、かっこいいね。……若い女子選手たちがこんな言葉をささやきあったのか、それともただ黙って見事な歌声に聞きほれていたのか。どちらにしても、はっきりしていることが一つ。母をはじめとする誰もが、ステージで歌う青年をプロのミュージシャンだと思い込んでいた。

演奏を終えたミュージシャンは、ステージを降りると迷わず母たちが陣取る席にやって来た。ちょっとこわもてに見える顔に笑みを浮かべ、青年は人懐っこく話しかける。

どちらから？　ああ！　名古屋！　えっ、バレーボールの遠征。毎年大阪で？　そう……、じゃあ、来年もまた来るんですね？

半世紀以上の歳月を経た今、ここでも私は会話の中身を想像するばかりだが、青年が見ていたものだけは自信を持って言える。ひとしきりおしゃべりする間、父の目はずっと母のことだけを見ていたはずだ。

この日の別れ際、父は母に名刺のような小さな紙きれを手渡している。中箱を抜いたマッチの外箱だった。その外箱には文字が書きつけられていた。

「来年また八時に、バッカス前で会いましょう」

そのすぐ後には、父の電話番号まで書き添えられていたというのだが、メモを読んだ母は気後れした。だって、相手はプロの方だし……。自分たちとは違う世界にいる特別な人、いわば芸能人。その人に初対面で一年後の再会を求められるのは、ちょっと怖い。そう思った母は、しばらくしてこのマッチの空箱名刺を捨ててしまったという。だが、あの日の出会いの記憶まで捨てたわけではなかった。

翌年、母は再び遠征で大阪を訪れる。ふっと思い出した母は、九時近くなってから『バッカス』に立ち寄る。けれども、店の前に父の姿はなかった。遠征の旅先で、たった数分間おしゃべりしただけのプロミュージシャン。それが「来年また」だなんて、やっぱりあり得ないことだったのだろう。それとも、自分が時間に遅れたから？　まさか。

それっきり、連絡のつけようもないまま再び一年が過ぎ、次の年もまた母は大阪の大会に。大阪に来てみれば、やっぱり思い出されるのは二年前のメモ。「八時に、バッカス前で」。でも、二年も経って、まさか。そう思いながら、けれども母の足は『バッカス』に向かう。午後八時、道頓堀から一〇分ほど歩いた『バッカス』の前。母の目は、そこに細身のミュージシャンが立っているのを見る。まさか。

空振りの一年を挟み、初対面からじつに二年を経ての再会。まさか。そう思ったのは母だけではなかった。驚きの表情を浮かべてカチカチになった父。二年ぶりに母に話しかける言葉は、しどろもどろだった。

じつは、ポク……「ボク」と言うはずのところが「ポク」になった父は、たぶん顔を赤くしながら母に語った。じつは、ボクは、あれから何度も名古屋駅に行ったんですよ、と。

現代の駅ではめっきり少なくなったが、かつて多くの駅の改札近くには「伝言板」と呼ばれる黒板が置かれていた。例えば、待ち合わせの時刻になっても相手が来ない時など、備え付けのチョークで〈おせーぞ、先に会場に行って待ってる！　ヨシ〉などと書き置きすれば、後から駆けつけた相手が目にしてくれるかもしれない。ケータイやスマホなどない時代、人と人の出会いを少しでも確かなものにするための工夫だった。大阪に住む父は何度も名古屋まで出かけ、この伝言板に書き続けていたのだという。

〈バッカスで待ってます〉

初対面の翌年、会うことなく終わった時に「縁がなかった」で済んでしまったかもしれない大阪と名古屋の二人。それがさらに次の年にまさかの再会を果たしたばかりか、その間、大阪の青年は伝言板にメッセージを書くというただそれだけのために名古屋に通い続けていたという。それを知った名古屋の娘が何を感じたか、余計な説明はいらないだろう。こうして実現した出会いは、もはや「縁」などという言葉に収まらない「運命」であり、「奇跡」に近いことに思える。この奇跡がなければ、姉も私もこの世には生まれていない。

その後、二人は遠距離恋愛を続け、一年あまりして結婚にこぎつける。じつを言えば、母がプロのミュージシャンと思い込んでいたほど芸能人然としている父を見て、母の実家は初めのうち反対したとか。でも、父のまっすぐでおおらか、そして情愛の深い人柄は誰よりも母がよ

正巳、幸枝結婚披露宴

く知っていた。こうして二人は結ばれ、やがて父は装英で催される宴会や旅先のホテルなどさまざまなところで、『バッカス』で母を魅了した『ラブ・ミー・テンダー』を歌うことになる。そしてそのたびに、母は目を閉じてその歌声に身をゆだねるのだ。
曲の最後にプレスリーは歌う。

All my dreams fulfilled
For my darling I love you
And I always will

ぼくの夢はすべてかなった
君のおかげだよダーリン、愛してるよ
そして、これからもずっとね

# 装英はボクが継ぐから

## 父の死を無駄にしないために

事故時に父が運転していた自家用車は左側にハンドルがあるアメリカ車のカマロだった。プレスリーに惚れ込んでいた父は、アメリカ車が好きだったのだ。

事故の時、直前を走る車が左折したため、それをかわそうとした父のカマロは右側車線にふくらんでしまった。その目の前に、対向車の大型トラック……。

この事故の検証の結果、不思議なことがわかった。警察の説明では、衝突寸前になぜか父は、右ハンドルを切っていたというのだ。後になって同じく現場検証にあたった保険会社の担当者も、「右にハンドルを切っているのが不思議なんです」と語った。真正面から来る対向車の直前で外国車が右ハンドルを切れば、直撃を受けるのは左側の運転席だ。

事故状況を説明してくれた警察官は言った。

「ひょっとしたら、助手席の方をかばおうとしたのかもしれませんね」

後年になって母は、父の死を知らされてから何度も見たという夢の話を聞かせてくれた。

その夢の中で、両親は連れ立って大事な打ち合わせに向かっている。打ち合わせ場所に行くために、二人は電車に乗ろうとしていた。ホームに入ってきた電車のドアが開き、前の人に続いて乗ろうとする。ところが、どういうわけか母が乗り込む前、ドアは閉じられてしまう。先に乗り込んだ父が、電車の窓の中からアッという顔でこちらを見ていた……。

この夢を見るたびに、母は「自分だけが乗り遅れた」という思いに苛まれたという。父だけが自分をかばって死んでしまった、自分もあの時に一緒に死んでいたらよかった。そんな思いにとらわれて苦しむ母を前にして、私たちが母にかけられる言葉はなかった。

父の死を告げた翌日も、姉と私は病室に母を訪ねた。だが、母は私たちが来たことに気づくとたちまち泣きだし、布団を引き上げたまま顔を出そうとしない。その翌日も、そのまた次の日も。これまでと同じように、私は学校帰りに買った弁当を母のベッドの横で食べるのだが、そのあいだじゅう母は布団を引き被ったまま無言。食べ終えてしばらくしても、その口から言葉が出る気配はない。仕方なく、「じゃ、帰るね」と声をかけ、私は病室を後にする。毎日がその繰り返しだった。その母が私たちに前向きな言葉を発してくれたのは、父の死を告げてから一ヵ月も経ってからのことだ。

その日、病室を訪ねた私たちに、母は言った。

「二人とも、辛い思いをさせてごめんね。これからは私も頑張るから」

二人の子どもを気遣う「母」としての声であり言葉だった。こうして始まったその日の会話が、母だけでなく私の心のスイッチも入れた。自分で自分の人生に「いのち」を吹き込むスイッチ、私が「私」を生き始めるための押しボタン。それを押すように促してくれたのは、装英について尋ねる母の言葉だ。

「ところで、会社の方はどうなってるの?」

夫はすでにこの世にいない。では、夫と築いた装英の方は、事故の後、本当のところはどうなっているのだろう。

これに答えて「じつはね」と、私と姉は代わる代わる事故の後の装英の様子を話した。一時は閉めることも考えた装英。だが、幸いなことに、事故から一年余りを経た今も何とか営業は続いている。それは、母が命を取り留めてくれたおかげでもある。進叔父が復職し、何とか会社を回してくれているところだ。こんな説明をした後、私は自分が現場の仕事を手伝っていることも話した。

だが、この時、言うべきことはそれで終わりではないような気がした。まだ口にできていない大切なことが心の中に残っている。父の人生をなかったことにしないために、私がやりたいと考えていること。父の死を無駄にしないために、自分がしなければと思っていること。私は初めてそれを、母の前で語った。

「装英は、ボクがやるから。ボクが会社を継ぐから」

こうして私は、「私」のスイッチを押した。

## 東京には行けない

中学三年生の終わり頃、バンドをやろうよと仲間に声をかけたのは、音楽好きなうえに根が目立ちたがり屋の私だった。高校進学後もそれぞれの部活動の合間を縫って練習を続けた私たちのバンドは、自分たちだけでお客を集めてライブハウスを借りられるぐらいには評判を呼んだ。両親の事故の後も、部活動のラグビーと同じくこのバンドの活動を、続けるだけは続けていた。

高校二年生の終わりか三年生になる頃、ボーカルを受け持つ柴田健蔵《しばたけんぞう》が言った。

「なあ、オレたち、『本気』出してみないか?」

東京に出て、本格的な音楽活動に挑戦してみようというのだ。当時のバンドブームの中で生まれたグループの中からは、プロやセミプロのバンドが育っている。もしかしたら自分たちも? できるかどうかは、挑戦してみなければわからないじゃないか。だから一度は「本気」でやってみないかと、この仲間は言った。

だが、私はこの誘いに「うん」と言うわけにはいかなかった。

「ごめん、オレ、無理だわ。東京には行けない」

仲間の前では、親の会社を継ぐからだとは言わなかった。「継ぐ」と言ったその日から継げるはずもなく、実現までの勉強や修業の道のりは長いはずだ。「継ぐ」と決意したところで、継ぐ前に装英そのものがなくなっているかもしれない。大口をたたくことはできない。ひとまずの理由として、自分は松江の伯父のところに行かなければならなくなりそうだと告げた。卒業後は伯父のもとで暮らし、伯父の会社で働くことになると思う。だからこのバンドの活動は続けられない。「ごめん」。そう言って、私はバンドから離れた。

仲間の誘いを断って、自分は人生のさまざまな選択肢のうちの一つを自分自身の意思で閉じた。同年代の誰もが進路を決めるこの時期、自分はどのような道を選択するのか。それを「本気」で考えなければいけない時期に来ていた。

両親の事故の前まで、私は当然のように大学に進むつもりでいた。ウチは内装業者だから、それに関係しそうなところと言えば、芸術大学の建築科あたりかな。そんなことをぼんやりと考えているぐらいで、進路選択などまだまだ先のことだった。ところが、突然の両親の事故。進学クラスに進んだものの、父が残した会社を「継ぐ」という気持ちが固まってくるにつれ、それこそ「とりあえず大学」という曖昧な進路選択はできないと思うようになった。「継ぐ」ことができる自分になるためには、高校を出た後にどこでどんなことを学べばいいのか。私は、自分で自分の道順を一から組み立てなければならなかった。

相談するとはなしに進路の話をする私に、大学という場を知る姉は言った。

「うーん、ヨシくん、大学はあきらめた方がいいかも。大学に行ったところで、装英の経営に必要な知識や技術は学べないし。それより資格を取った方がいいんじゃないかな」

たしかにそうかもしれない。すでに私は、半年あまりも内装工事の現場の手伝いを続けている。自分自身が担うのは工事全体から見れば端っこの雑用に過ぎないが、それでも現場にいれば多くの知識や技術が必要なのがわかる。工事関連の知識や技術と言うと職人が道具を操る施工場面そのものを思い浮かべやすいが、それればかりではない。例えば、道具をいじくるだけなら、見よう見まねで覚えられることもある。カーテンを取り付ける場面だけを見れば、特別な資格もいらない。だが、顧客に何かを尋ねられた時、頭に知識と技術が入っていなければ自信のある言葉は出てこない。工事の全体像が理解できていなければ、顧客に流れを話すこともできない。プロとしての「自信」は根性だけではなく、技術や知識に支えられて生まれる。よく言われる「職人の腕」は「腕」だけでなく、「頭」にも「口」にも宿るものなのだ。職人たちを見ていて、そんなことが何となくわかりはじめていた。

このように進路のことを考えながら現場の手伝いを続けるうちに、ある学校の名前が耳に残るようになった。現場に出入りする内装材メーカーの職人の話を聞いていると、ときどき学校らしきものの名前が転がり出てくるのだ。職人のおしゃべりの中で、その部分だけがまるで教科書や参考書の「太字」のように脳裏にこびりついた。

「守口職業技術訓練校、あそこを出た職人は腕がいいんだよね」

職業技術訓練校は、法律に基づいて都道府県や事業主が設置する職業能力開発のための教育施設だ。大阪府が設置する守口高等職業技術訓練校（現在は大阪府立北大阪高等職業技術専門校）は、技能士会や表装組合の会長クラスの職人が講師を務めていることで知られていた。わかりやすく言えば、関西空港のＶＩＰルームの施工を担うようなトップクラスの職人が指導してくれる職人の学校である。

「だから、ここを出た子は腕が確かなんだ」

メーカーの職人が事あるたびに口にしていたその言葉を、私の耳が拾った。

進路面接の時、私は担任の先生にこの訓練校の名前を「志望校」として告げた。進学クラスに在籍し、以前の進路希望調査でも「大学進学」としていたから、先生にとっては不意打ちだったはずだ。だが、事故以来のいきさつを話し、ゆくゆくは父亡き後の会社を継いで立て直したいと語る私の思いを理解してくれた先生は、進路指導室で探し出した一冊の資料ファイルを持ってきてくれた。

「江沢君の言う学校、ここだよね」

守口職業技術訓練校。案内資料のページをめくると、高い技能を持つ講師陣が揃い、内装関連のコースも準備されていることが記されている。

「あ、ここです！　ここに行きます！」

こうして私は、自分の進路を自分自身で決めた。

「守口職業技術訓練校」という名前にたどり着いたのは、職人の話を小耳にはさんだから。その話が耳に入る機会に恵まれたのは、私がとにかく現場に出て、そこで働く大人たちの会話の輪の中に身を置き続けていたから。「継ぐ」という言葉に少しでも近づきたくて始めた現場の手伝いは、今ふり返ればまさに「予習」になっていたのだ。

一九九一年（平成三年）四月、私は守口職業技術訓練校のインテリア科で学び始めた。

## 初めの一歩

母が耳に当てている受話器から、話し相手の女性の声が漏れ出て私のところまで聞こえてくる。相手はよっぽど大声を出しているらしい。

江沢さん？　歩いてるの？　本当に歩いてるの？

受話器の大声に、こちらで母が泣きながらうなずいている。

「はい、歩いてます。先生のおかげです、ありがとうございます！」

ええーっ、歩いてるのーっ！

母の電話相手は、鳥取の山陰労災病院での主治医、女性のお医者さんだった。意識不明の重体で搬送された母に九時間にも及ぶ緊急手術を施したものの、直後の診立てとしてはほぼ絶望。そこから生還した母を、辛抱強く治療し続けてくれた医師たちの一人だ。あの時の瀕死の患者が、今自分の足で歩きはじめている。それは医師にとっても驚きであり、喜びだっただろう。

一九九二年（平成四年）。私が三月に訓練校の課程を修了してしばらくして、母は念願の本格退院を果たした。八八年（昭和六三年）晩秋の事故から足かけ四年。まだ体調は本調子には程遠く、見ているのが辛いほどの苦痛を訴えることも多かったし、足元もふらふらしている。頻繁な通院が必要で、服薬も続いていた。だが、それでも自分自身の足で歩きまわることができる自宅での生活。まったく寝返りを打つことなく天井を見続ける苦痛に耐え続けた末に、母は東城山町での生活を取り戻し、再び装英で仕事に関わるための一歩を踏み出したのだ。

ここで、ずっと先回りして述べておこう。母はしばらくしてC型肝炎を発症するという苦しみにも見舞われるが、その治療にも耐えて完治させる。入院生活中から装英の二代目社長に就任していた母は仕事にも復帰し、社長を退いてからも、本書の執筆中に八一歳で勇退するまでの間、長く働き続けてきた。じつは六〇歳頃にも引退を検討したのだが、この時は仕事をしなくなったとたんに体調が悪くなって現役に復帰している。それほどまでに、父と築いた会社は母にとって生きがいであり続けた。

「あんな事故に遭って、この歳まで働けるとは思わなかった」

勇退にあたって母自身がこう語った通り、事故直後には絶望視された重体から回復し、八一歳まで元気に現役生活を続けたことには驚くほかない。

もちろんそれは母自身の体の強さと驚異的な努力の賜物だが、同時に私は父の力を思わないわけにはいかない。あの事故の瞬間から今日まで、父は自分の命を母に託して寄り添い続けてきたのではないだろうか、と。あの『バッカス』で、二年を経ても母を待ち続けた父なのだから。

父が命を託したのは母ばかりではない。まだふらつきながらも自分の足で歩くことができるようになった母に歩調を合わせるかのように、訓練校を卒業した私もまた、父の残した会社を継ぐという目標、新しい「いのち」を胸にしながら一歩を踏み出そうとしていた。

## ジョニー・ウォーカー

事故から一週間ほどして、松江の紀彦伯父から父の事故車を見る気があるかと尋ねられたことがあった。私はまだ父の死も事実として受けとめられずにいたから、とてもその気はおきなかった。ただ、車のトランクには、両親が高槻の自宅に持ち帰ろうとしていたものが入っていた。私は伯父を介してそれらを引き取らせてもらった。

トランクの中には靴や衣類などのありふれた身の回りのものが入っていたのだが、それに交じって立派なケースに収められたジョニー・ウォーカーのボトルが一本。スコッチ・ウィスキーの銘酒だ。伯父はトランク内の遺品一式を私に渡しながら、このジョニー・ウォーカーを父が松江から持ち帰ろうとしたいきさつを話してくれた。

伯父は会社を経営していることもあって、取引先などから酒類をプレゼントされる機会が多い。実家の書斎には、そうした高価な酒類がずらりと並んでいる。法事で実家を訪れた父は、その中のジョニー・ウォーカーに目をとめ、伯父に頼んだという。

「ミキが二〇歳になるんだよ。このお酒、ミキへのプレゼントとしてもらっていいか？」

もちろん伯父は快諾し、ジョニー・ウォーカーは父のカマロのトランクに入ることになった。成人した娘とお酒を酌み交わすのを、父は楽しみにしていたに違いない。

似た話は私にもある。父は私が中学生の頃から、正月などになると私にビールを勧めた。

「ヨシくんも一杯飲めや」

いらないと言うのに、まあ少しだけと言いながら注いでくる父。仕方なく、一口だけなめて顔をしかめる私。

「わっ、マズッ、やっぱ飲めないよ！」

それを見て笑う父は、いつも言った。

「いつか、ミキちゃんやヨシくんと飲めるのが楽しみだなあ」

その「いつか」は、やって来なかった。正確に言えば、私たちがあの世で父と再会して酒を酌み交わすその日まではお預けとなってしまった。それは、父にとっては心残りであり、無念なことだったはずだ。それを強く感じられるようになったのは、私が当時の父と同じく大学生の娘と高校生の息子を持つ身となったからだ。

そんな親の目で、父を亡くした当時の自分をふり返ると、あの頃とは違う感慨が湧く。例えば、突然ブレーカーが落ちたような闇に包まれて暮らす高校生の自分。その姿を思い起こし、今なら「かわいそうだ」という感情がよぎる。仮に今、自分の子どもたちが同じ状況に置かれそうになったとすれば、やっぱり「かわいそうだ」と感じずにはいられないはずだ。

だが、当時は「かわいそう」という言葉を、「みじめ」というレッテル貼りと同じものだと感じていた。だからこそ、私は周囲の同世代の仲間に苦しい状況や不安な胸の内を詳しく語ることもなければ、相談することもなかった。その代わりに私が懸命に集中したのは、自分自身の心やそれまでの人生を繰り返しふり返り、自分に吹き込む「いのち」の種、自分が生きる意味を探すことだった。懸命にふり返ることで、強くなろうとしたのだ。何のために頑張るのか、何を頑張るのか。脳みそを絞るようにして考えた末にたどり着いたのが、父の人生をなかったことにしたくない、父の死を無駄にしたくないという思いであり、父の会社を「継ぐ」という決意だった。

親として子どもを眺める歳になった今、「かわいそう」と「みじめ」が同じだとは思わない。心の内を打ち明けて相談できる人がいるなら、した方がいいとも思う。だが、自分がどうしたいのかをひたすら自分の心に問い続けたこともまた、けっして無駄なことではなかった。それをくぐったからこそ、私は時間が止まったようになっていた自分の人生を再び前に進めることができた。このことは、今、若い世代に向かって自信を持って言える。

例えば、ほんの小さなエピソードに見えるが、現場の職人のおしゃべりを聞いている時、その中に登場した職業訓練校の名前が私の頭にはまるで教科書の太字の単語のように焼き付けられ、それが進路選択の決め手になった。この時、職人のおしゃべりから訓練校の名前を拾い上げることができたのは、ただの偶然や運だろうか？　私はそうではないと思う。

父への思いから「継ぐ」という決意にたどり着いた私が、それができる自分になるためにはどこで何を学んだらいいのかと思い詰めていたからこそ、聞こえてきた言葉を耳がすくい上げた。心が懸命にアンテナを広げていたからこそ、聞こえてきた言葉を「雑音」ではなく「情報」として受け止めることができた。先に私自身の中に思いが宿っていなければ、職人たちの会話は耳を素通りしていたに違いない。自分自身が自分の心を掘り起こし、耕しておかなければ、いつか飛んでくるせっかくの種も芽を出すことができないのだ。

家業を「継ぐ」には相応の勉強が不可欠だし、そのためにいったんはあきらめなければいけないものも多い。そうまでして継ぐのは何のため？　どんな思いがあるから？　そこを先に問い詰めておかなければ、途中で苦しくなった時に人生は崩れてしまう。心に準備ができていなければ、生かせるはずの機会もチャンスだと気づくこともなく終わる。

だからそれは、子どもが親の家業を「継ぐ」ことが、「継がない」ことよりも偉くて立派だという単純な話ではない。「継がない」選択をする人もまた、その選択に先立って自分の心を問い詰めておかなければならないはずだ。「継がない」のは何のため？　どんな思いがあるから？　継がないことで後悔は残らないか？　こうした問いの結果として、自分は継がずにやりたいことをやり抜くという道を見つけたのなら、その選択には「継ぐ」ことと同じだけの重みと価値がある。

こうして述べてきたことは「精神論」ではなくて「現実論」だ。若くても若いなりに自分の記憶をふり返り、自分で自分の心に問い続けておくことは、「とりあえずの私」ではなく本当の「私」を生きるために必要な心の技術だ。それがギリギリの時に仕事や人生を支える土台になる。そのことを、私は自分が継いだ事業を通して身に染みて実感することになった。

# 第三章

# 修業時代

## 株式会社ユニコン

一九九六年（平成八年）のある日のこと、一人暮らしをしている私の自室で電話が鳴った。島根県松江市にある紀彦伯父の会社、株式会社ユニコンの社員寮だ。

電話の主は、高槻市の自宅で姉と暮らす母だった。遠く松江で聞く母の声からは、「継ぐ」と心に誓った装英の先行きがいよいよ厳しいことが伝わってきた。母の入院生活中から進叔父が中心になって営業を続けてきたものの、バブル経済崩壊後の長期不況もあって業績が伸びない。進叔父は姉である母に、これ以上は経営を維持する自信がないと訴え、退職の意向を告げてきたという。

それを私に伝えてから、母は言った。

「進君が辞めたら、装英はもう続けられないじゃない？　こうなったら、残念だけどウチの会社をたたんで、そっちの伯父さんのところでお世話になる方がいいんじゃないかって思うこともあるのよ」

母までもが装英の存続に悲観的なことを言うのを聞いて、私は即座に答えた。

「じゃあ、ボク、そっちに帰るわ」

あと数年は、ここ松江のユニコンで働かせてもらいながら修業を続けるつもりでいた。だが、修業しているのは、装英の経営を継ぐためだ。肝心の装英が危ない今、悠長なことは言っていられない。辞めさせてもらって高槻に帰ろう。自分が立て直さなければ。

母と電話で話しながら、それだけのことが一瞬のうちに頭を駆け巡った。

「装英、ボクがやるから」

自信はなかったが、迷いもなかった。


この時までの私の足取りを、簡単にふり返っておこう。

一九九二年（平成四年）の春に訓練校を修了した私は、同校が紹介してくれた大阪市の職人の下で内装業の現場修業を始めた。この師匠は、個人でさまざまな現場仕事を請け負う腕のいい職人で、私は自宅から彼の現場に通う弟子になったわけだ。

ところが、この師匠に付いて一年半ほど内装工事の現場で働いている最中《さなか》、松江市の紀彦伯父から連絡をもらった。伯父が経営する株式会社ユニコンで働いてみないかというのだ。続けて伯父は、こうも言い添えた。

「ヨシくん、もう、これが最後だよ」

あの両親の事故直後、私を松江に引き取ろうとまで考えた伯父。その後も私に松江に引っ越して島根大学に進学することを勧めたり、ユニコンへの就職を誘ったりと、私のことはいつも気にかけてくれていた。同じ江沢家の一員である私に、自分の片腕として働いてほしいという思いもあっただろう。

その誘いを受けるたびに、私の方はさまざまな理由を口にしてはぐらかしていた。まだ療養中の母を置いて他県に出ることには、ためらいが大きかったからだ。だが、伯父が口にした言葉を聞いて、気持ちが動いた。伯父の会社で修業するチャンスもこれが最後。これを逃していいのだろうか。

伯父の経営する株式会社ユニコンは社員一五〇人という規模にまで成長し、インテリア課のほかにも化成品課や建材課といった多くの部門を抱えていた。装英のような内装業者に資材を卸すこともあれば、スーパーゼネコンの協力会社としてホテルや病院などの内装仕上げといった規模の大きな仕事を請けることもある。そういう仕事を経験する機会は大阪で職人に付いているだけでは得られないし、建築に関わる業務全体を学んだり経営のノウハウを学んだりするうえでも伯父の会社はうってつけの職場だ。

だが、ユニコンをそこまで大きくした紀彦伯父も七〇歳を過ぎ、自分の一存で甥を呼び寄せてやれるのも「これが最後だよ」と言う。いつか装英を継ぐと決めていた私にとって、捨てたくない修業のチャンスだった。

その気持ちを、母が後押ししてくれた。

「それはもう、伯父さんのところに行った方がいい」

自分の方は大丈夫だから、松江に行きなさい。この言葉に励まされた私は、すぐさま師匠の職人に事情を話して頭を下げた。いつかまた、高槻に戻ってきます。その時は、一緒に仕事させていただきたいと思っています。こうして縁を切ることなく円満に師匠と別れることができた私は、松江市の株式会社ユニコンに入社。母のことは姉に任せ、同社から一〇分ほどの社員寮で暮らしながら、同社のインテリア課の一員として働きはじめたのだった。

訓練校、大阪の師匠の下での修業、そして松江のユニコン社員としての修業。ちょうどこの間、大学に進学した高校の同窓生たちは学生生活を謳歌した後に就職したことになる。たまに会う彼らから学生生活の様子を聞かされる時など、自分も大学に行きたかったという思いが募らなかったわけではない。だが、現場仕事の修業そのものに嫌気がさしたり、他のことに関心が移ったりすることは一度もなかった。

そもそもバブル崩壊後の不況下、業種によっては大卒よりも高卒の就職内定率の方が高いぐらいだったし、建築関係の職人の手取りは下手なサラリーマンより多かった。それを見ているから、一人前の職人として稼げるようになること自体が魅力的だった。だが、お金を稼ぐこと以上に私を修業に駆り立てたのは、わざわざ松江にまで来て現場で働くことにした目的の方だ。高校時代、悩み抜いてたどり着いた「継ぐ」という目的。いつもそれが心の中にあることが、不慣れな土地でのぶれない修業生活を支えた。

そのおかげで、と言うべきか、ユニコンに就職してからというもの、ひたすら社員寮と会社や現場とを往復する毎日。休日も自室で音楽を聴くか、せいぜい同僚と釣りに行ったり食事に行ったりするぐらい。若者にしては地味な暮らしぶりが続いたのだが、しばらくしてその生活に思いがけないリズムが生まれる。

## 「やっぱり正巳の子だ」

ある日、仕事の合間に思うところがあってユニコンの総務部に顔を出した私は、先輩社員の一人にぺこりと頭を下げて言った。

「こんどの創立記念パーティーの時なんですけど、ちょっとお願いがありまして……」

ユニコンでは会社の創立記念日に社員一五〇人を集め、盛大なパーティーを催すと聞いていた。パーティーを取り仕切っているのがこの総務部だ。

「そのパーティーの場で、バンドの演奏をやらせていただけませんか？」

「バンド？」と言って、相手は目を丸くした。

「江沢くん、バンドやってるの？」

「そうなんです」とうなずいた私は、入社してからバンドを結成するまでのいきさつを説明した。

入社からしばらくして、同期で入社した同じインテリア課の大卒社員・中野さんがドラムの演奏経験者であることを聞いた。続いて建材課で働く高卒同期の原さんと話していると、「オレはベースやってたよ」と言う。私自身はギターができる。もしかしたらバンドができるんじゃないか？　頭の隅っこでそんなことを思いながら仕事をするうちに、今度はなんと協力会社である建装屋さんがキーボードを弾くことを知った。わざわざ探し回ったわけでもないのに、次々にバンドに欠かせない奏者が目の前に登場する。まるで旅をしているうちに仲間が増えていく「桃太郎」みたいだ。これはやるしかない。

「バンド、やりましょうよ！」

こうして一念発起した私は、同じ社宅に住む一年先輩のシステム課社員・藤井さん、さらに化成品課で二年先輩の鳥木さん、一年先輩の松浦さんにも声をかけ、ボーカルとして参加してもらえることになった。他にも、サイドボーカルとして一年先輩の安達さん、キーボードに同期の門脇さん、二年先輩で建材センターの安部さんにもお手伝いしていただくなど、あれよあれよという間に仲間が集まり、松江の地でまたもやのバンド結成。ウソみたいな本当の話だ。以来、結成された若手社員プラスアルファのバンドは休日のたびに練習を重ねている。

こんな風にして誕生した私たちのバンド。今度の創立記念パーティーで、少しでも演奏する時間を与えてもらえないだろうか。それが総務部を訪ねた私の直訴の中身だった。この時、あえて社長である伯父は介していない。総務部に直接話を持ち込んだのは、入社したての若手社員に過ぎない私なりの筋の通し方だった。

いきなりの直訴が聞き入れられて、パーティーのプログラムに時間を取ってもらうことができた。音響機器や照明も本格的で、一五〇人の観客を前にした私たちの演奏はライブ公演並みの盛り上がりだった。その様子は当時の会場を撮影したビデオに残っている。自分の中に湧き上がるエネルギーをねじふせ、ビートと歌声に昇華させるメンバーたち。沸騰する水滴のように、エレキを抱えて体を振動させている私。まるで熱い鉄板のようなステージからあふれ出た音とリズムが、熱い蒸気のようにパーティー会場を包む。

このエネルギッシュな演奏ぶりを見て誰よりも喜んでくれたのは、当時すでに七〇歳を超えていた社長、紀彦伯父だった。私はそのことを、だいぶ後になってから聞いた。パーティーの後、伯父は松江でのバンド活動のことなど知らない高槻の母に電話をかけ、私の「松江公演」の様子をうれしそうに話してくれたのだという。

「こんなことやるなんて、ヨシも親父に似てきたなあ。あの子はやっぱり正巳の子だな」


さて、高槻の母が電話で伝えてきた装英の危機。

母と話したその場で高槻に戻ることを決めた私は、さほど間を置かずに伯父に退職を申し出た。伯父にとってそれは青天の霹靂《へきれき》だった。バンド仲間を作るほどすっかりユニコンに溶け込み、現場仕事も板についてきた甥っ子。その姿に目を細めていた伯父は、私が経営の厳しい装英よりユニコンを選び、いつかは高槻の母を松江に呼び寄せるものだと思っていたようだ。ところが、甥はユニコンでの安定を捨て、高槻に帰って装英を継ぐのだという。その話を聞いてしばし絶句した伯父は、念を押すように言った。

「せめて高槻に帰るのは、ウチの会社で経理や総務を経験してからにしたらどうだ?」

ありがたい言葉だと思いながらも、私は首を横に振った。経験を積んでからと思っているうちにも、父の築いた装英はつぶれてしまうかもしれない。たとえ未熟でも、すぐに戻って何とかしたい。その気持ちを隠さずに告げた。そこに本気を感じ取ってくれたのだろう。「そうか」と言った後、伯父はそれ以上引き留めようとはしなかった。きっと、こう思ってくれたに違いない。

あの子はやっぱり正巳の子だ、と。

## 「強み」を生かす道を求めて

### まずは社員募集

一九九七年（平成九年）夏、ユニコンを退職した私は松江を後にして高槻に戻った。

創業者である父に始まり、母、高瀬進叔父に続く四代目の代表取締役となった私。その経営者としての仕事は、新しい社員を雇い入れるところから始まった。求人票を出すために向かったのは、高槻市を管轄するハローワーク茨木《いばらき》。最初に募集したのは営業マン社員だった。

自分が装英の職人として内装工事をこなしていくぶんには、何の不安もなかった。すでに現場を五年も経験し、知識や技術に不足はない。大工をはじめ内装以外の部分を担うさまざまな職人たちとのやりとりには慣れていたし、工事に伺ったお宅で施工内容を説明することにも自信があった。子どもの頃から家に出入りする大人たちに囲まれて育ち、高校生の時期から職人同士の話の輪の中に身を置いたことで培われた性格は、現場を切り盛りしていくうえで大切な手札となっていた。だから、現場の仕事は十分こなしていける。装英の抱える職人はまだ少ないが、メーカーが派遣してくる職人や臨時に雇う個人職人の力を借りれば人手も足りる。こう考えていくと、装英が急いで雇い入れなければならないのは営業マンだと思った。

ひと口に営業マンと言っても、その仕事内容は業界、業種によって大きく異なる。細かなことは後に述べるとして、ここで内装・リフォーム業の営業の流れをざっくりと説明しておこう。

例えば、戸建て住宅のリフォームの問い合わせの電話が会社に入る。営業マンはそのお宅に電話してアポイントメントを取り、訪問して顧客の希望するリフォーム内容をうかがう。壁や天井のクロスや床材の貼り替えのほか、間取り変更、キッチンの取り換え、トイレの仕様変更など、希望の内容や規模はさまざまだ。営業マンはそれらをメモするとともに、リフォーム希望箇所の写真撮影、実測採寸などを済ませ、再訪の約束を取り付けてから帰社する。帰社後、営業マンは顧客の希望内容に応じて各職人やメーカーと連絡を取りはじめる。

規模が大きなリフォームになれば、大工や電気職人、配管職人、キッチンなどの設備職人といった具合に、複数の協力会社やメーカーも含めて多くの職人が関わる。営業マンは彼らに顧客の希望内容や現場状況を伝え、必要になる工事内容とそこで使うクロスなどの用材と分量（メーター数など）、キッチンなどの設備の推奨商品、特価商品などを確かめながら顧客への提案内容を煮詰めていく。この過程で職人と一緒にお宅を再訪し、現場の詳細を見てもらいながら詰める場合もあるし、初回訪問時に顧客の質問に答えきれなかった疑問点を職人やメーカーに確認しておくことも必要になる。

これらをふまえて見積もりの作成と提案。顧客の納得を得て成約、着工にこぎつけるのだが、リフォームの世界では契約内容通りに施工したつもりでも「クロスの仕上がりイメージが、思っていたのと違うんだけど」という類いのクレームを頂戴することがままある。だからこの種のクレームを生まない提案ができ、現場管理や生じてしまったクレームへの対応もできる社員がほしい。修業を通じていくつかのクレームを垣間見てきた私が、まず雇いたいと思ったのはそういう営業マンだった。少し低めの賃金設定だが、定年退職した経験豊富な営業マン経験者。それがこの時に求めた人材だった。

ハローワーク茨木に求人票を出してしばらくすると、こちらの狙い通り、ある上場会社で支店長にまでなったというキャリアの持ち主の応募があった。ざっと仕事の流れをレクチャーして仕事を始めてもらったのだが、私は内装・リフォーム業で営業マンを雇うことの難しさ、というよりは、この業種の営業が負っている構造的な課題に気づかされることになる。

ある時、この営業マンが成約させた内装工事にクレームがついた。私が顧客のお宅に出向いてクレームをうかがううちに、営業マンから顧客への事前説明のまずさがわかってきた。丁寧に善後策を説明することでクレームそのものは処理できたのだが、謝罪と説明を続けながら顧客に頭を下げている最中、あべこべに頭をもたげてくる思いがあった。

クレーム対応のできる営業マンが欲しくて雇ったのに、何のことはない、オレが自分で対応しているじゃないか。

たとえ他業種での営業経験豊富な人材でも、技術を持つ自分のようには見通せないことや説明しきれないことがある。それなりのキャリアを積んでいる営業マンの言葉よりも、職人として現場を知る私の言葉の方が顧客の胸に響く場面がある。営業マンに代わってクレーム対応を取り仕切ってみて、そんなことに気づかされた。たまたま雇い入れた営業マン個人の能力不足というだけでは済まないジレンマを垣間見た気がして、ふと思った。

オレがやった方が、うまくいくんじゃないか。

今思えば、漠然としたその時の思いが、経営を継いだ装英に新しい「いのち」を吹き込む導火線だった。

## 仏壇の前で

高槻に戻って装英を継いだこの時期、日本は深刻な不況にあえいでいた。バブル経済崩壊後の長期不況に九七年（平成九年）夏からのアジア金融危機の影響も加わり、日本長期信用銀行や山一證券など、名を知られた大手金融機関が経営に行き詰まり、廃業に追い込まれる。経済全体が冷え切り、個人消費も伸びない。そうなると新たに住宅を建てる人もリフォームする人も増えないから、内装工務店にとって顧客の開拓は容易ではなかった。

こんな状況の中で、どこに会社の活路を求めればいいのか、装英をどういう会社にしていくべきなのか。布団に入ってそんなことを考えはじめると、父が生きてさえいたら意見を聞けるのにという思いが募る。そうなると矢も楯もたまらなくなって、私は自宅二階に駆け上がった。行き着くのは仏壇の前だ。

ひとことでいいから、父がしゃべらないものだろうか。そう思いながら仏壇の前に座り、心の中の耳を澄まして目を閉じ、父の声が聞こえるのを待つ。葬儀の後に父の位牌を祀ってからの若い日々、私は何度となくそんなことを繰り返してきた。だが、その実、いつも心の中で語り続けるのは父ではなく私の方だ。

初めの頃、語りかけるのは母のこと、そして自分たちの行く末の不安だった。

「母を、何とか助けてほしい」「これから、自分たちはどうなるの？」「何で死んだの！」

やがて自分が装英を「継ぐ」ことを決意してから、仏壇で父に語りかける言葉は私自身を奮い立たせる決意の言葉へと変わる。

「絶対に立て直すから、見てろよ！」

こうして時には泣きながら心の中で語り続けていると、五、六時間はあっという間だった。仏壇の前で語りかけ問いかけるだけで飽き足らない時には、真夜中だろうと市内の父の墓にまで詣でた。

若者が仏壇の前に六時間も座り続け、時には真夜中の墓地にまで。その姿だけ思い出すと、苦笑しながら「ヨシ、もういいよ」と声をかけたくもなるが、いつも問いかけている中身は真剣だった。父に語りかける形を取りながら、私はその時々の自分にとっての課題を自分自身に問い続けていたのだ。

経営を継いだばかりの時期もまた、思い立つと仏壇の前に座って繰り返し父に尋ねる。

「装英の経営、どうしたらいい？」

どんな会社にしていけばいいのか。経営者として何をするのがベストなのか。こうして父に、そして自分に問いかけている最中にふり返るのは当時の日々の現場だった。

「あっ、ここだ」

クロスの貼り替えを依頼してきた顧客を訪ねて市内の住宅街を歩いていた私は、あるお宅を庭越しに眺めた時にすぐに気づいた。このお宅で間違いない。回り込んだ先の玄関に顧客の名前が書かれた表札を見つけ、「やっぱり」と言ってインターホンを押す。年配の女性の返事が聞こえ、私たちは中に招き入れられた。

目指すお宅がここだとわかったのは、地元ならではの土地勘だけではなかった。庭の生け垣の間から、このお宅の掃き出し窓が見えていた。大きな窓ガラスの内側に吊られたカーテンが目に入る。既製の量産品にはないシックなデザインと、遠目にも質感のありそうな生地。「小さなガッチャマン」時代から何百、何千というカーテンを見続けてきた私にはすぐにわかる。あれは父が生地を反で仕入れ、母が仕立てたオーダーカーテンだ。依頼の電話をかけてきた奥さんは、ずいぶん前に装英さんにカーテンを作ってもらった者だと語っていたという。

「だから今度も装英さんにと思って」

父の仕事が縁になって巡り合った顧客だった。

お宅に上がらせていただいた後、話は父が吊ったカーテンのことから始まる。すでにお孫さんがいるという奥さんは、父をよく覚えていた。

「持ちがいいのよ、お父さんに付けてもらったこのカーテン」

地元のお宅に伺うと、本題の前にこうした昔話になることが珍しくない。父のアレンジしたカーテンを褒めてくださる方もいれば、足元のカーペットは父に貼ってもらったのだと懐かしがるお客さんもいる。その息子である私が会社を継いだばかりだと告げると、「そういえば」と言ってあの事故のことを思い出す方も多い。だから私が若くして装英を継いだと知ると、「頑張ってくださいね」と励ましてくれる。顧客開拓に苦労したこの時期、装英を支えてくれたものの一つが父の代からの顧客からいただく仕事だった。

　持ちがいいと褒められたカーテンも、さすがに裾の方にほつれが見えはじめている。それでも、奥さんは気に入っているから長く使いたいと言う。

「あの時も『頼んでよかった』と思ったのよね。だから今度の壁紙も装英さんにと思って」

　この装英を、どんな会社にしていけばいいのか。そう問いかけながらふり返る毎日の中に、ひょっこりと顔を出した父。内装職人という以上に、カーテンをインテリアとしてとらえてアレンジするデザイナーだった父の仕事ぶりが、街の家々にタイムカプセルのように残っていた。タイムカプセルに入っているのは、私が進むべき方向を示すメッセージだった。

　頼んでよかったと言ってもらえる仕事、次も安心して任せられると思ってもらえる会社。目指したいのはこれなんだ。そう思った。

　そのために自分が腕を振るえるのは、仕事の中のどんな場面なんだろう。いつもそのことばかり考えながら毎日の現場に入った。

## 技術を持つ者の「生きた言葉」

あるハウスメーカーが戸建て住宅のリフォームを請け、装英はその天井や壁のクロス貼りを引き受けていた。間取り変更を伴う、規模の大きなリフォーム工事だ。ある壁のクロスを貼り終える頃、現場に顔を見せたその家のご主人が私の傍らで漏らす声を聞いた。

「ここの壁、なくなると思ってたんだけどなあ」

リフォーム工事で撤去されると思い込んでいた壁が今も残っている。このご主人は、クロスを貼り終えて部屋の雰囲気がわかってきたところでそのことに気づいたようだ。こう書くと、いかにもご主人がうかつなように思われそうだが、実際はそうではない。リフォーム工事が始まってしまうと、たいていのお客さんは壁の骨組みや下地が剝《む》き出しの室内などじっくり見ない。どのお客さんも、いよいよ内装の仕上げが近い頃になってから「へえ、こんな風になるんだ」と気づく。

ご主人のぼやくような口ぶりが気になった私は、思わず口を開いた。

「あ、この壁、ですか?」

そう言いながら、現場監督に見せられた図面を思い起こす。図面には確かにこの壁が記されていて、だからこそ私は監督の指示通りにクロスを貼ったところだ。

うん、間違いない。と、いうことは……。

私は何となく事情を察した。この壁が残るという大きな話は、工事に取りかかるよりもずっと前の段階、営業マンによる提案内容の説明や現場監督の施工内容の説明を通じてお客さんと確認し合っておくべきポイントだ。だが、その説明が不十分だったか、「この壁、なくなりますよね」と尋ねられた営業マンや現場監督が、自分自身も図面から仕上がりをイメージしきれないまま「ええ、なくなりますよ」とでも答えてしまったか。

いずれにしても、ここで私が「図面通りですよ」「現場監督の指示通りですよ」と突き放したのでは、顧客の前で監督を否定することになる。現場監督が当初の話と違う工事をさせたことになり、本格的なクレームへと発展する。だが、この壁の撤去が構造上難しいことも私には一目瞭然だった。内装職人として居合わせた私だったが、とっさに部屋の壁構造から説き起こし、ご主人に説明を始めた。

この壁の中には、柱と筋交いが入っていて、部屋の強度を保つ働きも担っている。だから撤去してしまうと部屋、ひいては家そのものの強度が低下してしまう。

「だから、この壁は残していただいて大正解ですよ」

普段の現場では内装工事が私の守備範囲だが、これまで何度となく現場で大工と一緒に仕事をしながら壁や天井、床の構造は見てきた。それを作ったり改修したりする仕事の中身も、職人たちとの話の中であらかた飲み込んでいる。クロスを貼る都合に合わせて壁の大工仕事に一工夫してもらったり、電気職人に配線工事の見通しを尋ねてこちらの段取りを決めたりと、職人同士は現場で話をしながらお互いの仕事を理解する。ちょうどそれは野球でセカンドを守る選手がファーストやショート、サードといった他のポジションの野手の動きを知り尽くしていなければプレーできないのと同じ。他の職人の仕事を知らなければ、自分の仕事もうまくいかない。

現場で覚えた技術的知識が、生きた言葉として自然に口から出てきた。そうしてひと通り話を終えると、硬かったご主人の表情がほどけてくるのがわかった。

「そうなんですか、この壁、そんな役割があるんですね」

クロスの職人さんが「大正解」と言っているんだから、この仕上がりで間違いないのだな。そんな風に受け止めてもらえたおかげで、ご主人も壁の撤去のことは口にしなくなった。

現場では顧客のいろんな声、さまざまな表情を目《ま》の当たりにする。

別の内装の仕事では、壁にクロスを貼ろうかという段になってお客さんが腑に落ちないという顔をするのに出くわした。これから貼るクロス生地を見て、このお宅の奥さんがしきりに首をひねっているのだ。

「私が選んだの、コレでしたっけ?」

自分が選んだ商品の現物を前にして、思っていたのと違うという感想を持たれるお客さんは多い。この奥さんが首をかしげるのを見て、ここでも私はすぐに想像がついた。お客さんにクロス地を選定してもらう際、きっと営業マンはカタログだけを預けたのだろう。

この当時から二十年あまりを経た現在でさえ、お客さんに預けたカタログの中から気に入ったものを選んでもらって終わりという営業マンは少なくない。だが、カタログ写真と現物の間にはもともと色調や質感の微妙なズレがあるうえ、部屋に射す自然光の下で生地を見るのと机の照明の下で写真を眺めるのとではずいぶん印象が変わる。そうしたズレが後になって問題になるのを防ぐには、営業段階でクロス地の現物サンプルを実際の場所に次々に置いて見せ、それを確かめながら商品を選んでいただく。

そうすればよかったのにと、この時も思ったが、そんなことを現場で蒸し返すわけにはいかない。幸いなことに、奥さんが首をかしげるこの商品も悪いわけではなかった。

「そうですか、監督さんなり営業さんなりに確認してみましょうか？　でも、このクロス、すごくきれいですよ」

それを聞いて奥さんはホッとした顔になる。

「ホントに？　プロの方が見てそう言ってくれるなら、やっぱりこれでいいのかしらね」

私自身もホッとしながら、職人の言葉が意外なほどの説得力を持ってお客さんに届くのを実感した。

だが、これとは逆に、顧客が選んだという商品に私の方が首をかしげることもある。

「これは薄いな」

ある戸建て住宅で壁のクロス貼りを引き受けた私は、これから貼るクロスと古いクロスを剝がした後の下地を現場で見比べて心の中でつぶやいた。下地の状態を考えたら、もっと厚手のクロスを選んだ方がよかったのに。

クロスの貼り替え作業は、前のクロスを剝がすところから始まる。削り取るように剝がすところもあるから、下地はどうしても傷んでしまう。新築の真新しい下地と違って、凸凹ができることが避けられないのだ。そこにただ新品クロスを貼ったのでは凸凹を拾い、仕上がった壁面にも凸凹ができる。だからパテで下地表面をできるだけきれいに整えるのに加え、新たに貼るクロスには下地の凸凹を吸収してくれる厚手の商品を選ぶ。薄いクロスは凸凹を拾いやすいからだ。

ところが、営業マンやコーディネーターと呼ばれる商品選択のサポーター役は、往々にして下地の状態とクロス選択の関係を知らない。下地の状態はおかまいなしに特定メーカーの重点商品を機械的に勧めたり、お客さん任せでカタログから選ばせてしまったり。こうして私たち職人は、「これは薄いな」と思うような商品を心ならずも貼らされる羽目になる。

すでに商品は届き、あとはそれを貼るばかりの現場。ここで商品を替えろとは言い出せないが、黙って作業を進めたのでは仕上がりを見て凸凹に気づいたお客さんはもちろん、現場監督やコーディネーターでさえ、「貼り方が悪い」「職人の腕が悪い」と思い込みかねない。それは職人として受け入れられないことだ。

こんな時も、私がとっさに試みるのは技術に根ざした説明だ。

「この商品番号のもので間違いないですよね」

そう言って商品の確認を装いながら、お客さんと話を始める。

「このクロス、薄いタイプのものなので、このまま貼ると下地の凸凹を拾っちゃう可能性があるんですよ。だから、下地にしっかりパテをしてから貼っていきますから」

こうして顧客が選んだ商品と下地の関係を顧客に理解してもらったら、いよいよクロス貼り作業の開始。その作業の節目ごとに、私は意識的にお客さんに声をかける。

「ほら、こういうところですね。下地、少し削れて凹んでいるでしょう？」「こんな風にパテを塗って、できるだけ平らにしていくんです」

商品の特性とそれに伴う難点があることを、顧客にもあらかじめ知ってもらう。難点を極小化するための職人側の対応を説明し、進行状況を見せていく。技術的な裏付けのある仕事が行われていることをライブで実感していただき、難点を抱えた現場をお客さんにも共有してもらうのだ。

残念ながら、下地処理に最善を尽くしても、薄いクロスが凸凹をある程度拾うことは避けられない。その仕上がり具合をどう評価するかは、生きた技術を見聞きして現場を共有したお客さんの気持ち次第だ。例えば、自然光が横から射し込むような場所では凸凹が目立つから、お客さんとしては許容できないかもしれない。このような場合は再工事となる。

ただ、説明もなく仕上がりの凸凹を見せられたお客さんのクレームの場合、同じ商品を同じように貼り直すことになる。仕上がりが悪いのは「貼り方が悪いから」と思い込んでいるからだ。もちろん結果は同じ。何度か貼り替えを繰り返した末、ようやく商品変更という結論に行き着く。

だからこそ、私はこの種の問題に気づいたら、あえて自分の方から現場監督に持ちかける。

「よかったら、ボクからお客さんに話しましょうか？」

最初の段階での商品選択のまずさを話すのは、私だって気が重い。だが、貼り直しを担うことになるのは自分だ。それなら技術と知識に裏付けられた説明をして問題点を早めに理解してもらい、お客さんが納得できる再工事にしたい。その方が、最終的にはお客さんに満足感が生まれるはず。それを目指して説明には言葉を尽くした。

クレームを受けての再工事という現実までは動かせなくても、技術を持つ職人の言葉はお客さんの頭にも心にも届く。初めに「これは薄いな」で始まった現場でも、最後は顧客も満足してリフォームは完了した。

一段落したところで、私は現場監督やコーディネーターに今回のような下地の状態の時にはどういう商品を顧客に勧めるのがベストだったのかをアドバイスした。この助言に喜んでくれた監督とコーディネーターは、口をそろえて言った。

「横で聞いていても、江沢さんのお客さんへの説明、本当にわかりやすいです。江沢さんがいてくれて助かりました」

## 「セールスエンジニア」の構想

一つの住宅の内装に二日か三日。装英を継いで間もない時期、月に十数軒の現場に入った。その中にこれまで見たような場面がいくつも生まれ、その都度自分の口から生きた言葉が転り出るのを感じた。何人かの現場監督さんは私の顧客への説明ぶりや助言を頼りにして、内装に装英を指名してくれるようになった。「喜んでもらえる仕事」「また任せてもらえる会社」を目指す自分の強みが、少しずつ見えてくる気がした。いくつもの現場の光景を重ね合わせると、自分の力が生きる場面の共通項が浮かび上がってきたのだ。

薄すぎるクロスを選定してしまったり、クロスの現物がカタログイメージと違っていたり、あるいは壁が撤去されるという誤解が独り歩きしてしまったケース。こういう時、私は決まって思った。

最初から技術を持つ人が顧客に提案できていれば、こんなことにならなかったのに。

おまけにこの種の問題は、営業から施工までの間に増幅されやすい。

例えば、電気のコンセントやスイッチの位置。それは、お客さんの日常生活の動き、利便性に直結するから、リフォーム提案時の重要ポイントの一つだ。まず、営業マンは顧客に生活上の動線や希望を確かめて位置を確定させ、それを反映させた施工内容を提案しなければいけない。この時、技術を持たない営業マンは、職人たちにいちいち確かめながら施工内容を決めざるを得ない。ここにコンセントを配置する場合、壁の桟の位置は？　配線は？　このやりとりの段階で、顧客、営業マン、職人という「伝言ゲーム」が生まれる。

さらに成約した施工内容が現場監督にきちんと受け継がれ、作業する大工や電気職人、そして内装職人に正しく伝わらなければ、コンセント類は正しい位置に付かない。ここもまた「伝言ゲーム」の世界だ。協力会社の職人が入る場合、協力会社の営業マンが現場監督から聞いた指示を自社の職人に伝えて現場に送り出すから、ゲームはさらに複雑になる。これら一連のゲームのどこかでちょっとした勘違いが起きれば、そこから先の工程は軌道を外れ、最終的に「コンセントはもっとこっちに付くはずだったのでは？」というクレームが生まれる。この種の地雷源がコンセントに限らず、リフォームのあらゆるところに潜んでいるのだ。

それを防ぐには、伝言ゲームに連なる人間の数をできるだけ少なくするに限る。最初からリフォームの各工程を技術的に熟知している者が顧客と向き合い、誰彼に相談するまでもなく自分で一括提案できれば問題は極小化する。そこに思い当たった時、私は最初に雇った営業マンのクレーム対応をフォローしながら漠然と感じたことを思い出した。

オレがやった方が、うまくいくんじゃないか。

技術を持ち、内装に限らず各工程の中身や相互関係を知る私自身が、リフォームの各分野についてワンストップで顧客に提案し、そこで合意できたイメージ通りの施工を現場に指示する。それが実現できれば、これまでの内装・リフォームの世界にはなかった、新しい営業スタイルが生まれる。お客さんに的確な営業（セールス）ができるエンジニア（技術者）、エンジニア自身が行うセールス。私はそれを「セールスエンジニア」と名づけた。

このセールスエンジニアという営業手法の実現には何が必要なのだろう。私は日々の現場を改めてふり返った。

現場では私が説明することで顧客が安心感や満足感を持ってくれるし、現場監督やコーディネーターにも頼られる場面が増えている。だが、先のいくつかのエピソードでわかるように、それはある意味で「たまたま」そこに私が居合わせ、顧客や現場監督と対話する場面が生まれたから。

だが、セールスエンジニアというのは、たまたま入った現場の段階で「江沢さんがいてくれてよかった」という偶然ではなく、「技術と知識を備えた人の提案が請けられるお店だから相談してみよう」という必然を営業の段階で生み出そうというものだ。そのためには、リフォームを検討中のお客さんに、装英に相談すれば技術を持つ立場からのトータルな提案がワンストップで受けられるということを、あらかじめ知ってもらわなければならない。そのためには顧客が見てわかる「名刺」になるもの、根拠のある「看板」として打ち出せるものが要る。そこで私が重視したのがレベルの高い資格だ。

まず、技術を持つ立場から提案できることを示す「一級技能士」の資格。技能士は技能検定に合格した人の技能レベルを国として証明する国家資格で、二〇二一年（令和三年）四月時点では一一一の職種について検定が実施されている。職種による違いはあるが、おおむね特級、一級、二級、三級の区分があり、一級ともなれば職業訓練指導員免許を取得できる。職人を目指す人に教える側にまわれるだけの実務経験と専門的な技術、知識の持ち主であることを示す資格だ。私がまず目指したのは、内装に関わる「表装技能士（壁装作業）」「内装仕上げ施工技能士（プラスチック系床仕上げ工事作業）」「内装仕上げ施工技能士（カーペット系床仕上げ工事作業）」という三つの技能士資格だった。

大阪府下に一級技能士資格を三つ持っている人はいないと聞いたことがあった。私はその三つを取得して現場を離れ、基本的には営業・経営に専念するという目標を自分に課した。資格に裏付けられた「セールスエンジニア」として顧客開拓に力を入れるのだ。

先のエピソードからわかるように、内装一つとっても的確な提案をするには大工仕事や電気工事、配管工事といった隣接分野の知識は不可欠だ。さらに、その知識が豊富なら、内装に限らずリフォームの各所についてトータルな提案ができる。それによって装英を、単なる内装工務店を超えてインテリアのコーディネートや住宅リフォーム、やがては新築建築までカバーできる総合建設業者にまで成長させる見通しがひらける。そこで右の技能士資格が取得できた先に、私は二級建築士の資格を得る計画も立てた。

また、内装やリフォームを提案するには、顧客の生活全体の装いを考える発想が欠かせない。例えば、戸建て住宅の内装工事に数多く入って気づくことの一つは、衣類や小物が椅子やテーブルの上に置かれ、それが常態化しているご家庭の多さだ。リフォームを機に住む人の普段の動きに合わせた無理のない収納を提案できれば、リフォーム全体の満足度も上がるだろう。さらにクロスや床材、カーテンといった商品を提案する際には、内装全体を通した空間のデザイン力も求められる。例えば、クロスを選ぶ際には下地との相関などの技術的観点に加え、貼られる部屋の機能や雰囲気、住む人自身のライフスタイルや価値観も考えたデザイン的視点が大切だ。これらのことを考えて、私は収納設計の提案力を高めるために一級整理収納アドバイザー、デザイン力のある内装提案を目指すために一級インテリアデコレーターの資格も取得しようと決めた。

まずスタートは三つの技能士資格の取得。受験するには一定期間の実務経験が必要で、訓練校に通った私の場合、二級を受験するには実務経験一年、二級から三年の実務経験を経て一級の受験資格が得られる。つまり、一つの一級技能士資格に到達するためには最短でも四年かかるわけだ。三つの受験日時は同じだから、同時に受けることはできない。一年ずつ受験をずらし、最短で六年。遠大な計画だが、技術を持つ立場でリフォームの提案ができることを前面に押し出すには不可欠な資格だ。普段の現場仕事は一日中動き回る肉体労働で、脚立を何百回も上り下りする。それを一日こなした後、夜は自宅で睡魔と闘いながら勉強。合格率は三〇%という厳しい試験だから、手を抜けば簡単に落ちる。そうなると、次の受験のチャンスは一年後までめぐってこないから、二〇代後半は必死に勉強した。

結論を先に述べると、私は一度の不合格もなく六年後には一級技能士資格を取得し、それに続けて右に述べた二級建築士、一級インテリアデコレーター、一級整理収納アドバイザー、それに耐震診断講習受講者資格まで相次いで取得することになる。

だが、私が勉強しはじめた当時の装英にとって、一級技能士資格の取得だけでも最低六年というのはけっして短い時間ではない。セールスエンジニアという営業手法を確立するまで経営を支えるために、私はもう一つ別の挑戦も思いつく。今から考えるとその挑戦は、未経験の若い経営者ならではの冒険だった。

## 私だけのファイティングポーズ

交換したばかりの名刺には目もくれず、男は私が差し出した「株式会社　装英」の会社案内をデスクに放り出して口を開いた。

「で、オタク、何ができるの?」

そっくり返った相手の口ぶりは、興味はないが聞いてやると言わんばかりだ。装英の自己紹介を始めた私は、目の前で一生懸命に「オレさま」ぶりを見せつけようとしている相手の顔を見た。私の五歳くらい年上だろうか。三〇歳になったぐらいの男は、おそらくは一流大学出のスーパーゼネコン社員。大きな会社に勤めると、初対面の相手に敬語も使えないほど「立派」になり下がるのだろうか。小なりとはいえ一つの会社の社長が持参した会社案内を、一目見ることもできないほど「偉い」ヤツになり果てるものなのだろうか。

まるで昔の建設業界みたいな、でも、これが現代の建設業界というところなのかとショックだった。その業界の中でも特に有名な、スーパーゼネコンA社の購買部。どうにかアポイントメントを取って乗り込んだ私は、装英を協力会社に加えてほしいと懇願していた。

父が装英を率いていた時期には、ゼネコンの方が内装を請け負ってくれる業者を探してまわったものだ。その手の依頼に父が応じることはなく、装英は住宅中心の元請け一本やりだった。オーダーカーテンの売り上げが問屋以上の実績をあげていた時期のことだから、ゼネコンの下請けなどしないというのは当然の選択だっただろう。

だが、バブル崩壊後の不況下、しかも父亡き後の装英には元請けにこだわっている余裕はなかった。そこで私の頭にちらついたのが、松江のユニコンでの記憶だ。

ユニコンはS建設やK組といったスーパーゼネコンと呼ばれる大手建設会社の協力会社として内装などの工程を下請けしていた。大きなマンションや病院など、大規模な建築工事の内装などを請け負うわけだ。私も一人の内装職人としてそうした下請け仕事の現場に入り、大きな仕事を経験させてもらった。スーパーゼネコンの協力会社になれば、二千万、四千万といった大きな仕事がまわってくることもある。私が継いだ当時の装英の年商は、一件二〇万円、三〇万円といった住宅の仕事を積み重ねた末におよそ二億円。そこにスーパーゼネコンの下請けが一つでも入れば、経営はぐっと楽になる。

セールスエンジニアという営業手法の確立に努める間、とにかく会社を維持する基盤がほしい。スーパーゼネコンの協力会社という方向に活路が見いだせそうな気がした私は、つてをたどって紹介者を見つけ、現場仕事の合間を見つけてはスーツに着替え、スーパーゼネコンの購買部を回りはじめた。

購買部とはゼネコンの中で建て付け手配を担う部署で、下請けの契約を取り付ける窓口にあたる。例えば、あるゼネコンが大きなマンションの建設を受注する。そのゼネコンの購買部には、鉄骨、基礎、塗装、そして内装といった工程ごとの担当者がいる。内装なら内装の担当者は、そのマンションの内装をどの業者に請け負わせるかを決める。

一方、現場には各工程の現場監督が配置され、これらの監督が購買部で選定された下請け業者を指揮して工事を進める。かつてはどの業者を使うかを決めるのはこの現場監督だったから、下請け業者が自社を売り込む相手も監督だった。ところが、ゼネコン汚職などを機に下請け業者が現場監督に直接営業をかけることは禁じられた。代わりに、現場とは切り離されたところで建て付け手配を行う購買部が創設されたわけだ。

そこで私はスーパーゼネコン各社の購買部を訪ね歩くことになり、そのたびに相手方の社員がふんぞり返ることになった。各社に何度も足を運ぶ中、購買部の担当者に私が「おまえ」呼ばわりされたのは一度や二度ではない。

こんなヤツらの下で使われるのは嫌だ。

いつもそう思いながら、歯を食いしばって頭を下げ続けた。まずは仕事を得て、装英の経営基盤を安定させなければ。その一心で頭を下げ、ひたすら丁寧な言葉で装英をＰＲする。プライドを胸の奥にしまいこんで頭を下げる時は、いつも熱い鉄の塊を飲み込むような気がした。こちらを見下した相手の態度を見て、熱が体内から逆流してきそうになる。それを抑え込んで深々と頭を下げるのは、装英の基盤づくりに燃える当時の私にしかわからない、私だけのファイティングポーズだった。

社員数が一〇人に満たない街の内装工務店がスーパーゼネコンに営業をかけるなど、今考えてみると無謀そのものだった。何度足を運んでも、「また来たのかよ」という顔をされてけんもほろろの扱い。何を話しても仕事の話にはつながっていかない。その様子を聞いて、購買部との面会を取り持ってくれた人があきれ顔で言った。

「真っ向勝負をかけたところで、相手はスーパーゼネコンだぞ。そりゃ、無理だよ。会ってくれるだけでも御の字なんだから、仕事なんか回してくれるわけないって」

せめて現場監督にアプローチしてみろとも言われたが、この時、現場監督にコネはなかったし、直接営業が禁じられている監督相手にどんなアプローチが可能なのかもすぐには思いつかなかった。一九九七年（平成九年）の後半四ヵ月を費やしていくつかのスーパーゼネコンに通ったものの、ついに仕事をもらうことはできなかった。

ところが、年末になって奇跡が起きた。B社の購買部から電話が入ったのだ。

「一人でも二人でもいいから、内装職人を貸してもらえないか」

納期の迫る仕事なのに、職人の手配がつかないらしい。それを聞いた私は、すぐさま装英の仕事の段取りをすべて組み替え、可能な限りの職人を集めることを決めた。この時、自社の社員職人が四人。もう何人かほしいところだが、誰かいないだろうか。これまで装英と縁のあった個人職人と言えば……。そこで真っ先に思い浮かんだのが、訓練校を卒業してから一年半の間お世話になった師匠だった。松江のユニコンに就職するにあたり、いずれまた一緒に仕事させてもらいたいと言って別れた職人だ。あの時に礼を尽くして別れたのが幸いして、この親方は弟子と一緒に入らせてもらうよと言ってくれた。ほかにも二人の職人の都合がつき、装英は総勢八人のチームで現場に向かった。

一人でもいいから。そう言って泣きついてきたB社の担当者は、私が八人もの職人をそろえて乗り込んできたことに度肝を抜かれたようだ。

「お前のところ、すごい機動力だな」

いえ、よろしくお願いします。そう言って頭を下げたのが、今度は私だけのささやかなガッツポーズ。急な人手不足という偶然と、意気に感じて駆けつけてくれた師匠たち職人のおかげだが、この一件がきっかけとなってB社の仕事を回してもらえる道がひらけた。

どうせ営業するならスーパーゼネコン。そんな思い込みで始めた営業は、最後の最後に偶然が味方して思わぬヒットとなった。だが、そんな幸運がこの先続くとは考えにくいから、営業の対象を広げなければならない。私はスーパーゼネコンだけにこだわるのをやめ、規模の小さい地元の中堅のゼネコンにまで営業の幅を広げた。購買部への営業一本やりでは同じことの繰り返しになるから、今度は私も知恵を絞った。

朝、ゼネコンの社屋近くに車を停め、行き交う人を眺めつづける。しばらくすると、現場監督が出勤してくるのを見つける。いや、見つけたのではなく、相手の出勤と「たまたま」かち合っただけ。時間つぶしでその場にいるところに出勤途中の現場監督が通りかかるという、これはあくまでも「偶然」のできごと。姿を見かけたから挨拶ぐらいはするというのも、社会常識の範囲。ラッキーな「偶然」を生かして現場監督と顔つなぎをするのなら、ルール違反にはならない。私はつかつかと歩み寄って監督に名刺を渡し、改めてどこかで会ってもらう約束を取り付ける。

例えば、先にも話した下地処理とクロス貼りとの関係。現場監督に会ってもらえれば、私が話せることは多い。

「今度の現場は塗装壁だけど、その上にクロスを貼れるか？」

監督から尋ねられれば、「シーラー処理したら貼れます」「プライマーを使ったらいけますよ」というように下地に関する知識を生かして即答できる。五百万、八百万、二千万といった金額で現場の規模を示してもらえれば、それを装英の陣容で請けられるかどうかも即断できる。技術や知識がない営業マンは話せば話すほどボロを出すものだが、私にはやり取りを重ねれば重ねるほど装英が「使える」業者であることを示す自信があった。こういう「偶然」の出会いから始まる話の機会を、私は懸命になって作った。サスペンスドラマの張り込みのように「あ、おはようございます、たまたま近くに用事があったもので。ちょっとよろしいですか」を繰り返し、監督たちとの出会いと会話を重ねたのだ。

下請け業者による現場監督への直接営業はＮＧだが、現場監督がどこの業者を使いたいという希望を購買部に自発的に出すことはできる。私が「偶然」の出会いを重ねた監督が「装英を使いたい」と社内で声を上げてくれれば、購買部の装英に対する態度も変わる。それなら次は装英でいこうかという機運が、相手方の社内に生まれるわけだ。こうして一つの仕事を取って無事にこなせば、同じ監督から「おい、江沢、次は○月頃からマンションの仕事があるから、段取りしておけよ」という内々の連絡が入りはじめる。仕事がつながりだすのだ。こうして装英は戸建て住宅の内装だけでなく、ゼネコン各社から規模の大きな仕事を請けるようになった。

## 打ち立てた「ブランド」

### 「ぼんぼん」に継ぐことなどできない

装英を継いでからも、両親の事故以来の話を他人の前ですることは少なかった。そのせいで、社長の息子である私は、それだけで「ぼんぼん」だと思われることがある。気楽に育ったお金持ちの息子といった意味の言葉だ。同地域同年代の経営者と話していても、冗談半分でそれに似たようなことを言われる。

「江沢さんは、ええよな、二代目ぼんぼんやし」

もともと基盤がある店を継いだのだから、あとはそれに乗っかればいい、うらやましいね、というわけだ。苦しい時代に経営を切り盛りする若手同士だから、私をうらやんでみたくなる相手の苦境もわかる。だから私もたいていは曖昧に苦笑いしながら「そうですね」とやり過ごすのだが、ある時、たまたま横で話を聞いていた親しい仲間が割って入った。

「それ、違う。江沢さん、ぼんぼんちゃうねんで。この人、めっちゃ苦労してんねん！」

えっ、そうだったんですか。真顔になった周囲に初めて父が亡くなって以来の話をすると、誰もが驚愕した。

たしかに私は「ぼんぼん」ではない。だが、その思いは、苦労してきた自分を褒めてもらいたいという気持ちとは違う。二代目だろうと四代目だろうと、「ぼんぼん」に本当の意味で経営を「継ぐ」ことなどできない。「継ぐ」というのは、過去を無難に繰り返すということとは違うからだ。受け継いだものも、新しい「いのち」を吹き込んでやらなければ枯れてしまう。私はそのことを何度も痛感しながら経営を続けてきた。

例えば、装英では今も父が力を入れたオーダーカーテンの販売・施工を続けているが、カーテン販売の主力は他の内装商品とともにインターネット部門、つまりオンラインショップを通じた販売に移している。きっかけとなったのは、今ではインテリア・家具販売の大手となったN社の登場だった。北海道の小さな家具屋に過ぎなかったN社は、家具やインテリアの商品企画から製造、物流、販売までを一体で行う業態を確立して全国に店舗を展開し、ネット通販も手掛けるようになった。これを前にしても、それまで百貨店や専門店を通した販売に依存してきた高級インテリアメーカー各社の危機感は乏しかった。その後、このN社やI社といった新興の量販店に年間数百億の規模で売り上げを奪われることになるのだが、当時はブランドの優位性を疑わなかったのだ。

だが、私は脅威だと感じた。父は山手一番街近くに小さな店舗を出し、店頭にカーテンのサンプルを吊るして顧客を開拓した。だが、現代の顧客は商店街ではなくネットでさまざまなメーカーのサンプルを一望できる。メーカーのブランド性や店頭でのPRだけでは、この流れに太刀打ちできない。そこで私は姉に手伝ってもらいながら、装英にインターネット部門を立ち上げることを決めたわけだ。

事業に新しい「いのち」を吹き込むには、顧客対応にもこれまで以上の気配りが必要になる。例えば、内装工事に出向く職人の選定。ゼネコンから請けた大規模な現場なら、確かな技術がある職人かどうかに尽きる。だが、地域の住宅に伺うとなると、それだけでは済まない。住宅の現場では発注者である住人とじかに接する。そんな時、口のきき方がぞんざいで愛想がない職人さんは不向きだ。顧客との会話にはそれなりのマナーや話し方が必要だから、経営者は送り出す職人の個性も見極めなければならないし、職人教育にも力を入れなければならない。顧客対応のよしあしが、すぐにネットを通じて広まる時代だ。地域に密着して事業を営むということ一つをとっても、昔からのお付き合いだけにあぐらをかいていることはできない。

同じように、新たに開拓したゼネコン各社の協力会社という立場もまた、その上にあぐらをかいていられるほど安定したものではなくなりはじめていた。

## 装英という「ブランド」

二〇〇〇年代（平成一二年〜）に入る頃、長引く不況に公共事業の縮小などが加わり、ゼネコンの経営破綻が相次ぐようになった。それにつれてゼネコンに資材を提供してきた問屋の倒産も相次ぐようになり、かつて父が大阪に出て修業していた問屋の倒産やお世話になった設計事務所の倒産も目の当たりにした。経営基盤を固めるために必死で食い込んだゼネコンそのものが、もはや安泰とは言えない時代の到来だ。

建築関係の仕事の多くの場合、現場の職人に支払う賃金は下請け工務店が先払いする。一方、ゼネコンなどの元請け企業から下請けへの支払いは、マンションのオーナーや病院の経営法人といった発注元から元請け企業にお金が払い込まれてから。この間、装英のような下請け業者は資金繰りの重圧に耐えなければならない。賃金や材料費などを払い続けた末に、元請け各社からの支払いが一つでも滞ればたちまち経営危機に陥る。一つの仕事が数千万という規模だから、その打撃は大きい。

連日のように問屋から倒産情報が回ってくるようになった。あのゼネコンは危ないから、仕事を請けるのは避けた方がいいという類いの裏情報だ。ゼネコンへの依存度が高いままでは危ない。いよいよセールスエンジニアの本領発揮。装英の事業の幅を内装工務店から住宅リフォーム全般へと広げ、地域の顧客を再開拓していく時機の到来だと思った。

すでに三つの一級技能士資格を取るという六年がかりの目標は達成し、二級建築士の資格も取得。三つの技能士資格を同時に持つこと自体が大阪府下で例のないことだし、さらに建築士の資格まで持つ者は私以外にいない。あとは、装英がそれだけ希少性の高い技術力をバックにしてリフォーム全般の提案と施工ができる企業であることを、地域全体にどうやってアピールするかが課題だった。

その方法を考えはじめた私は、ある時、父が開業してから積み重ねてきた顧客名簿を整理しようと思い立った。数えてみると、名簿に掲載されている顧客はおよそ二五〇〇軒。いずれも父が注文を受けたオーダーカーテンを吊ったり、クロスや床の貼り替えを引き受けたりしてきた家々だ。地域の中でこれだけの家に父の仕事の足跡が残されているのだなと思いながら眺めているうちに、これがセールスエンジニアとして営業を展開する貴重な資源になることに気づいた。この名簿の各顧客に装英で発行するニュースレターを送るのだ。

「地域密着で三〇年」という装英の歴史を掲げると同時に、三つの一級技能士や二級建築士をはじめとする資格を前面に押し出し、高い技術を持った立場からワンストップで間口の広いリフォーム提案ができることを示す。以前はオーダーカーテンのお店として親しまれた装英が、今はキッチン交換や間取り変更、さらには外装まで手がける総合的なリフォーム業者へと大きくバージョンアップしたことを伝えるわけだ。かつて父がカーテンを吊った「新興」住宅地の家々も、いまや古さが目立ちはじめる時期に突入している。リフォームへのニーズが潜在している地域に向けた、装英の再デビューである。ちょうどこの時期、自宅に置いていた装英本社を山手一番街近くに移転。以来、装英はゼネコンの協力会社としての仕事は残しながらも、高い技術と地域密着を意識したリフォーム企業、さらには総合建設業を目指して本格的に展開しはじめることになった。

三つの一級技能士資格を取得して間もない時期、私は大阪室内装飾事業協同組合という事業者団体に一つのことを申し出ている。「技能検定員」になることを志願したのだ。技能検定員というのは、技能士検定の実技試験の実施、その試験会場における指導監督、採点を行う役職で、内装関連の技能検定員の場合、同協同組合の推薦を受けた人が任命される。つい先頃まで私は技能士の検定を受ける側だったわけだが、検定委員というのはその検定を実施する側。わかりやすく言えば、受験生だった私が、今度は試験官として名乗りを上げたということだ。

何度も現場で経験したように、顧客は営業マンよりもむしろ職人の話をよく聞いてくれる。営業の場面であれ現場であれ、この分野では技術を持つ者の言葉の方が生きる。だからこそ私は一級技能士資格を取得したわけだが、さらにその技能士の検定を行う側に回れば、細かな技術資格のことを知らない素人のお客さんにも、装英がいかに卓越した技術を持つ会社であるかを自然にアピールできる。

それを謳っておくことは、装英の営業マンの仕事をやりやすくする。例えば、開口一番「ウチの社長は技能検定員まで務めています」というところから自社の紹介ができる。さらにこれまで述べてきたように、この業種の営業場面では技術的な理解と説明が大切だが、それは営業マンの手に負えないことが多い。そこで「お客さんの手前」と考えて曖昧に取り繕ってしまうと、かえって後日のクレームの火種になるのも見てきた通りだ。だが、私の技術をあらかじめ謳っておけば、営業マンも悪びれずにお客さんに言えるはずだ。「ここから先の部分については、専門の技術を持つ社長の方から説明してもらいます」。こうしてスムーズに振ってもらえれば、あとは私の方で説明も提案もできる。自社の技術力をアピールすると同時に良質な営業をするための武器。私はそう考えて技能検定員に手を挙げたのだった。

じつは技能検定員には任期の定めがなく、高齢に伴う欠員などが出ない限り募集はない。だから最初に私が申し出たこの時、協同組合からは検定員は充足しているから「当面無理」とあっさり断られている。ところが、あきらめかけていた二〇〇七年（平成一九年）になって、協同組合から電話が入った。

「来年度、技能検定員補佐員としてお手伝いいただけませんか？」

突然の推薦指名の理由ははっきりわからないのだが、ちょうどその頃、内装関連のあるメーカーの装英担当社員が、「ウチの社長が江沢社長を褒めておりました」と言うのを聞いたばかりだった。若いのに志がある立派な人物だと、社内で私のことを評してくれたそうだ。当時私はあるメーカーと取引のある工務店の経営者間で「二代目の会」という若手経営者の会を立ち上げ、横のつながりを作ろうとしていた。もしかしたらそういう活動が業界に伝わり、協同組合からの推薦指名に結びついたのかもしれない。

ともあれ、私は二〇〇八年（平成二〇年）から一二年（平成二四年）まで一級・二級の技能検定補佐員を務めた後、一三年（平成二五年）からプラスチック系床作業一級・二級の技能検定員を委嘱され、各都道府県に一名しか置かれていない首席検定員を拝命している。その翌一四年（平成二六年）に国土交通大臣より「建設マスター」として顕彰され、一九年（令和元年）には大阪府知事から技能検定推進への尽力についての感謝状を頂戴した。こうして私は、高い技術力を通した装英の信頼の構築、さらには大阪府下の後進の育成にも努めてきた。

さて、このように技術を前面に押し出しながら展開するセールスエンジニアの手法が現実のものになるにつれ、装英の営業に従来とは違う手ごたえを少しずつ感じるようになった。成約率が徐々に上がったのに加え、成約の質にも変化が生まれはじめたのだ。

リフォームの顧客の中には、同業他社との相見積もりで業者を選定される方が少なくない。まず感じた変化は、装英の見積もりの方が高いにもかかわらず「江沢さんにお願いしたいから」と言って下さるお客さんが増えたことだ。相談を受けてこちらのリフォーム提案を詳しく説明するうちに、予定していた相見積もりを取りやめて「装英さんで決める」と言ってくださるお客さんも出てきた。提案価格ももちろん大事だが、それ以上にセールスエンジニアによるワンストップ提案の質が支持されはじめた証しだ。

セールスエンジニアの手法は、業務の幅を広げることにも役立つ。

クロス貼り替えを引き受けたあるお宅で、いつものようにお客さんと話し込む機会があった。朝から貼り替え作業が続いた日の午後、お茶を出していただいている時のことだ。リフォーム全般のよもやま話をしている最中、このお宅の奥さんが尋ねてきた。

「外壁塗装も、もう二〇年ほどやっていないのよ。だいたいどのぐらいのタイミングで塗り替えるものなの？」

こんな風に、現在進行中のリフォームとは違う箇所の相談を、作業途中の職人にもちかけてくるお客さんは多い。営業マンに相談してしまうと、無駄に勧められてしまいそうな気がするからだ。このような時、職人に留まらない広範な知識を持つセールスエンジニアなら、押し付けのない説明それ自体を営業につなげられる。

「外壁塗装は塗装職人に言わせると、一五年ぐらいごとに塗り替えるのがいいと聞きますよ。二〇年ということは少し塗り替え時を過ぎてますね」

ついでに見てみましょうと言って、帰り際、お客さんと一緒に外壁を確認する。外壁を撫でた指先をお客さんに見せた。

「外壁の粉が指先に付いてるでしょう？　これは塗り替え時のサインなんですよ」

そこで外壁の劣化が屋内の湿気、シロアリ、地震や台風の時の被害につながることを説明すると、自分でも外壁を撫でてみながらお客さんが言った。

「外壁の方も見積もりしてもらわないとだめね。どこか業者さん、知らない？」

この時点でお客さんは装英を内装・リフォームのお店としか思っていないから、ここで私が答える。

「ウチにも塗装職人はおりますんで、お見積もり可能ですよ？」

こうして装英は、このお宅の外装までお引き受けすることになった。セールスエンジニアが顧客の疑問に答えて説明することがそのまま営業となり、何一つ強引な売り込みをしていないのに内装以外の分野へと仕事が広がる。内装・リフォームの専門店だった装英に、地域の総合建築企業へと枝葉を伸ばす道が開けたわけだ。

社長は三つの一級技能士資格を持つうえに二級建築士であり、なおかつ技能検定員を務める。インテリアデコレーターや整理収納アドバイザーとして、リフォームを生活文化の面からもサポートできる。これらの技術や知識に裏付けられた提案を、ワンストップで受けることができる。……これらはリフォームを考えるお客さんなら本来当たり前に求めることでありながら、それに応じられる建築業者はけっして当たり前には存在しない。

オレがやった方が、うまくいくんじゃないか。

経営を継いで間もない時期に感じたその思いをセールスエンジニアという手法として確立した時、「装英」は地域のいわばブランドとなった。父から引き継いだ会社に、新しい「いのち」が宿ったのである。

## 次の課題に向かって

### 結婚

松江のユニコンで勤めていた時期、会社の年配幹部から言われたものだ。

「ヨシ、結婚は三〇過ぎてから。会社をちゃんとさせてからだぞ」

だからと言うわけでもないのだが、高槻に戻ってからも付き合う彼女はなく、ましてや結婚の予定もない私。それがどういうわけか、ほかのカップルの誕生には活躍した。

姉の友人の男性たちからは、「ねえ、ヨシくん、いい女性《ひと》いたら紹介してくれない？」と言われる。そうかと思えば、私の友人の彼女からも「友だちの子がいい男性《ひと》を探しているんですけど、誰かいませんか？」とせっつかれる。こうして両方の話を聞けば、私としても放ってはおけない。「まかせろ」とばかり、私は折に触れて姉人脈の男性陣と私人脈の女性陣に声をかけて飲み会の類いを企画した。そこで出会って結婚にまで進んだカップルは何と五組。私はそのすべての結婚式でスピーチをしている。

ある時、そんな出会いのための飲み会を、私が段取りして大阪駅近くで開いた。姉と私のそれぞれの人脈から合計一二、一三人。姉つながりの男性陣に合わせた声かけだったから、参加者は私より三つか四つ年上の男女だった。大阪周辺のあちこちから集まってきた参加者には、私が直接知らない方も多かった。私は段取り係だから、当日は大忙し。ゆっくり飲んだりしゃべったりという暇もなかったのだが、やっと一息ついてビールをあおりながら近くに座る女性と言葉を交わした。自己紹介しあってから彼女が言った。

「私も高槻なんですよ」

あっ、そうなんですか。どの辺？　高校は？　互いのことを話していくうちにビックリ。彼女はあの山手一番街にも近い安岡寺町《あんこうじちょう》に住んでいるばかりか、私と同じ芥川高校の先輩でもあったのだ。さらに驚いたことに、彼女のお宅のカーテンは装英が取り付けたのだという。

「えっ、マジですかあ！」

順にめくるカードが次々に一致していくスリル。盛り上がって意気投合した私たちは、それから付き合い始めた。みんなの出会いのために設定した飲み会が、この時ばかりは自分たちの出会いの場に。何だか恐縮だが、これも運命かもしれない。「三〇過ぎてから」とは言われたが、すでに二九歳。セールスエンジニアとして動きだし、装英の経営も私が継いだ時期の危機をひとまず乗り越えたところだ。こうして二〇〇一年（平成一三年）、私は妻・千恵と結婚した。〇二年（平成一四年）には長女、〇四年（平成一六年）には長男が誕生し、東城山の自宅は賑やかになった。

「おやじの会」

わが家の二人の子どもたちは、近所の「のびてゆく幼稚園」という私立幼稚園に通わせた。父のことを知る園長先生からは、地元の自営業者でもあることだし、園の保護者活動を手伝ってほしいと言われていた。そこで二〇〇八年（平成二〇年）、私は「ＰＴＡ連合会代表（以下、「ＰＴＡ代表」）」という役目をお引き受けすることにした。

当時高槻市では、約四千人の幼稚園児のうち三千人ぐらいは一〇園の私立幼稚園に通っていた。この一〇園の保護者は、「高槻市私立幼稚園ＰＴＡ連合会（以下、「連合会」）」という組織に加入している。この連合会の会議に出席するのが各園一名のＰＴＡ代表の役目だ。だから、この会合に出席すれば、他園の保護者と顔を合わせる。そこには私だけでなく何人かの父親たちがいた。それ自体、当時の私には新鮮だった。

これまでの日本では、子育てがお母さんまかせになりやすく、母親同士のつながりは生まれても父親同士のつながりは少なかったし、父親はわが子の様子を母親経由でしか知らなかった。ましてや父親が、親としての夢や悩みを他の親と語り合う機会は非常に少ない。

「そうした機会を作るのなら、幼稚園の時期だよね」

連合会で知り合ったあるお父さんと語り合う中で、そんな話になった。この時期なら、親同士が「夢」を共有しやすいからだ。成長するにつれ、子ども同士の間にはさまざまな違いが生まれる。勉強が得意になる子もいれば、逆に苦手になる子も出てくる。抜群の運動能力を発揮しはじめる子がいる一方、運動が苦手になっていく子もいる。こうして子どもたちは徐々に枝分かれし、親同士も同じ立場で話しづらくなってしまう。

だが、幼稚園の時期なら共有できることは多い。幼児期だから能力の差は目立たないし、差があってもさほど気にはならない。「サッカーやらせてみようかな」「あ、ウチもやらせてるんですよ」。そんな会話から始まって、テレビは何観てる？　ゲームは何時間ぐらいＯＫにしてる？　子どもネタで話すことはいくらでもあるし、他のお父さんと話しているうちに自分が我が子の「何を知らなかったか」に気づくこともできる。だから、この幼稚園の時期にこそ、父親も子育てに関わることの大切さを学んだ方がいい。

こんなことを話しているうちに、そのお父さんが言った。

「江沢さんも、『のびてゆく幼稚園』さんに『おやじの会』、作られたらどうですか？」

「おやじの会」。この時に初めて聞いた言葉だった。

高槻市の私立幼稚園に、「おやじの会」というものが生まれたのは二〇〇四年（平成一六年）。当時の「学校法人今村学園高槻幼稚園（現「いまむらこどもえん」）」の保護者会長だった瀧本一慶さんが同園に立ち上げたのが最初だ。〇六年（平成一八年）に連合会の会長となった瀧本さんは、園長会との相談と了承を経て連合会全体に「おやじの会」の活動を広めることを目指す。

「おやじの会」は、幼稚園ごとに単年度制で募る有志組織だ。以前からお母さんたち中心のPTA組織はあるのだが、それとは別に作られた「おやじ」たちの集まり。ここでの「おやじ」とはもちろん父親を意識しているが、「お母さん」「おじいちゃん」「おばあちゃん」など、参加を希望する園児の家族の総称だ。自由意思で参加する人々が、自分たちの発案で子どもたちにできることを一から考える。自園で「おやじ」主体の行事を企画するだけでなく、他園の「おやじ」たちとの合同企画も行う。

瀧本さんは連合会の全園に「おやじの会」をつくろうと働きかけていた。「江沢くんも手伝って！」。二〇〇九年度、一〇年度に推されて連合会の会長を務めることになった私は自分の園にも「おやじの会」を立ち上げるとともに、両年度の秋の合同企画の実行委員長として旗振り役になった。

自分の園での立ち上げでは、〈「おやじの会」設立のご案内〉と題した、瀧本さんがつくっていたものを参考にしたプリントを用意し、参加者を募った。会の設立目的を、当時の私は配布したプリントの中で次のように書いている。

《設立の目的》

「地域のわ」、「家族のわ」、「友だちのわ」

わが子が生まれてはじめて経験する社会生活の場、幼稚園。日頃、関心はあっても、わが子がどんな風に園生活を過ごしているのか、なかなか見ることはできません。休日に家族だけで遊びに行こうと意気込むものの、子どものために本当は何をしてあげればいいのか悩んでしまうことはありませんか？　本会は他の園児の家族や幼稚園、時には地域、他の団体とも連携しながら、子どもたちとのふれあい方、遊び方を模索することによって「おやじ」たちの新たな役割をみんなで考えていこうと思います。何よりも「おやじ」たちが自ら楽しみながら交流し、幼稚園行事に積極的に参加し、イベントを自ら企画、運営することによって、子どもたちとどのようにふれあい、子どもたちに何ができるのかを考え、それを実践していくことを目的としています。

（「おやじの会設立への思い」より）

都合のつく時に都合のつく人に参加してもらい、無理なく楽しく。そのために「ドタキャンOK」を常に掲げ、企画や準備過程を楽しむことも謳った。同じ地域に住む父親同士が子どもを通してつながって知恵を出し合う。それぞれの得意分野、興味や趣味からアイディアが飛び出して企画になる。

こうして父親が幼稚園、子育てに関わる機会が増えると、さまざまなことが変わるのに気づかされた。例えば、些細なことのように思われそうだが、運動会での保護者同士のもめごとが

おやじの会（おやじがつくる　うんどうかい）

減るのは変化の一つだ。我が子の姿を間近に見たい、いい角度で撮影したいという親同士の場所取りをめぐる小さなトラブルが絶えない運動会。ところが、父親同士が「おやじの会」を通して顔見知りだと、お互いに場所を譲り合ったり詰めてやったりという場面が増える。顔がつながっていることは、それだけで摩擦を減らしてくれる。

　さらに「おやじの会」で園に顔を出しているから、父親も先生もお互いに話しやすい。話がしやすくなれば、疑問に思っていることも率直に尋ねられる。例えば、我が子の「お箸の持ち方」の上達が遅れているのが気がかりな保護者。幼稚園への関わりが薄いと、先生は我が子をきちんと見てくれているのかという疑心暗鬼にかられる。だが、頻繁に顔を合わせていれば、先生に不安を素直に話すことで疑心暗鬼が氷解する。「お箸」の件で言えば、園でも指導はするがトレーニングを担う主体はそれぞれのご家庭。園が家庭教育まで代行できるわけではない。先生からそう聞けば、父親も「ああそうか」と気づき、家庭での子どもとの関わり方を見直すきっかけが生まれる。

お互いに顔がつながって話しやすい関係が生まれれば、身近なストレスや問題を乗り越えやすくなる。そのような関係がコミュニティだ。私にとって「おやじの会」は、子育てを媒介にしたコミュニティを作る経験だった。この経験が一つのきっかけとなり、私は地域のコミュニティの重要性に目を向けるようになった。自分の子育てだけではなく、装英の仕事の中でも地域コミュニティの重要性とその危機に気づかされる場面が増えていたからだ。

## 現場から見えてくる地域の課題

カーテンの吊り替えやクロスの貼り替えといった身近なリフォームでも、お宅にうかがえばお客さんと長く話し込むことが多い。雑談を通して生活の中で引っかかっていることを耳にすれば、リフォームの専門家として問題解決につながる提案ができないかと考える。外壁の塗り替えにまで話が発展した例のように、顧客との会話から予定外のリフォームにまで話が広がることも多い。だが、ちょうど私が子育てに関わりはじめた頃から、顧客の話の中にリフォームの範囲を超えた生活上の困りごとが増えているのを感じるようになった。

カーテンの吊り替え依頼で伺ったあるお宅は、高齢男性の独り暮らしだった。新調するカーテンの話が、いつの間にかカーテンから離れて広がりはじめた。

　ご主人によると、奥さんが数年前に亡くなってから家の中の片づけが行き届かなくなり、床には本が積みあがるようになった。階段下の収納棚設置を助言するのだが、話はそれで終わらない。今度は「風呂が寒くて困る」とご主人が言う。築三十年のお宅だから風呂場のつくりは古いし、あちこちからすき間風も入るようになった。それなら風呂場のリフォームと思うところだが、このご主人、そこまでする気にはなれない。子どもたちは独立して関東方面で暮らしているから、この家には帰ってこない。自分もあと何年か経てば歩けなくなるだろうし、何年生きられるかもわからない。だから、今から家にお金をかける気にもなれないと言うのだ。うなずきながら聞いていると、さらに地域で暮らすうえでの困りごとがご主人の口を突いて出てくる。「歳を取ると、朝のゴミ出しが本当に大変」「自治会の当番はもう引き受けられない」。

……それはもはや、家のリフォームに収まりきれる話ではなかった。

　似たような話は、仕事でお邪魔する地域内のさまざまなお宅で耳にしていた。ある自治会の一つの班がざっと一八世帯。班長は持ち回りだから、一八年に一回務めればよいというのがもとの姿だ。ところが、高齢で引き受けられないという世帯が増え、わずか六世帯で班長役を回しているところが出ていた。毎週のゴミ当番でも同じことが起き、周囲からは不満の声も聞こえる。「ゴミ当番はしないのに自分のゴミは捨てている」「散歩するぐらいには元気なのだから、これぐらいはやってもらわないと困る」といった不満だ。「もう無理だ」と言う高齢者と、負担増に不満を募らせる周りの家々。地域の住宅を回っている私の耳には、その両方の言い分が入ってくる。手すりの設置や家の中の段差解消といった高齢者向けのリフォームが増えはじめたのはもちろんだが、仕事を通して見えてくるのはそれだけでなく、高齢化に伴うコミュニティ崩壊の危機。中でも深刻なのは、先のご主人のように子どもたちが遠方に出た後に地域で暮らし続ける高齢者世帯の増加だった。

高槻市では、子どもたちが東京や横浜などの関東圏に住んでいるという高齢者世帯が多い。すぐに様子を見に来られる人がいないお年寄りが多いということだ。後になってからのことだが、私は高槻市全体の一人暮らし高齢者の安否確認をめぐる実態を知った。ある年の例では、遠方の家族から市内の警察や消防に「市内で一人暮らししている親と連絡が取れない」という通報が年間三五九件も寄せられている。通報を受けたら安否確認に向かうのだが、ドアを壊して入らなければならないこともあるし、中ではガス漏れが発生しているかもしれない。最悪を想定して向かう結果、安否確認一つでも消防隊やレスキュー隊、救急隊が総勢一一名という大部隊を組んで出動する。装英の仕事を通して私が見聞きした高齢者世帯のさまざまな困りごとは、こうした深刻な事態とも地続きなのだ。

地域の高齢化は子育てにも影響を及ぼしはじめていた。例えば、地域の子育て世帯のつながりを生んできた子ども会が、地区によっては維持が難しくなりつつあった。子どもの数が減ったうえ、共働き世帯が増えて行事を引率する大人が足りないからだ。同じように、地区の運動会も競技に参加できる人が減り、さまざまな年齢別競技も成り立たなくなった。

その結果として起きることを、仕事で伺ったあるお宅の奥さんが言った。

「今は街を歩いていても、誰がどこの子なのかわからないわ」

それは私の実感でもあった。幼い頃、私は住宅街を駆けずり回っていればあちこちで「ヨシくん」と声をかけられ、どこに行っても「装英さんの息子さん」だった。その私が同じ地域で子育てする今、住宅街で子どもとすれ違ってもどこのお子さんなのかまるでわからないことが多い。あらゆる場面で顔がつながる機会が失われているからだ。子どもやその保護者の側から考えると、これは見守ってくれる目が失われていることを意味する。

子どもにせよ、高齢者にせよ、それを見守る目が失われる。災害時などに助け合うべき地域の中で、日常の人間関係が生まれにくくなる。これらは父親の立場で地元幼稚園の活動に参画し、仕事で地域のお宅を回り続ける自分だからこそ気づいた地域コミュニティの危機だ。それを痛感した私は装英の仕事と並行して、自分にできる地域貢献、社会貢献に取り組みはじめた。さまざまな課題に直面してはそれを乗り越えるという繰り返しは今も続いているが、これまでの取り組みや発見のいくつかをかいつまんで述べておこう。

## 学校と地域を結ぶ

娘が高槻市に新設された関西大学初等部に編入学したのを機に、私は二〇一一年（平成二三年）度にその地区委員会の委員長、一二年度から一四年度までは、この後援会の会長まで務めた。自分で立候補したことなど一度もないのだが、その後も娘の成長とともに中等部、高等部の後援会でも書記、副会長、会長を相次いでお引き受けすることになる。

その初等部時代、私が取り組んだことの一つが、遠隔地から電車通学する子が多い私学にも地域で子どもを育てるという視点を持ち込むことだった。活動は多岐にわたったが、中でも強く印象に残っているのは子どもを見守る地域の目の重要性を痛感させられた講演会だ。地区委員会の委員長として企画した講演会で、講師には池田付属小学校児童殺傷事件の捜査に関わった元刑事を招いた。

その元刑事は言った。子どもが巻き込まれる事故や事件の報道が増えているように思われがちだが、じつはそれすらも氷山の一角。プライバシーの問題もあり、大半は報道されていない。また、悲惨な事件が報じられると、保護者は「変な人に付いて行ったらだめだよ」と声をかけるものだが、リアルに考えるとそれでは簡単に犯罪被害に遭ってしまう。犯罪者はあらかじめターゲットを決め、親の名前はおろか飼い犬の名前まで把握したうえで子どもを狙うからだ。「お父さんの江沢よしさんが事故に遭って大変だから、病院まで送ってあげる」。そう言われれば、子どもは親の名前まで知っている相手を「変な人」とは思わない。こうした現実を知った上での家庭教育と、地域の見守りの目が不可欠なのだ。私学といえども学校は必ずどこかの地域の中にあり、宙に浮かんで存在しているわけではない。だから私は私学である同校の初等部保護者にも、駅周辺での見守り活動への参加を呼びかけた。

さらに私は同校にも「おやじの会」を設立させてもらった。幼稚園での経験から、父親の子育て参加の重要性を感じていたからだ。だが、その設立の過程を通じ、私は「女性」「男性」の一方に偏った組織や活動の不自由さを実感することにもなった。従来から女性中心の保護者組織の中で、男性は圧倒的な少数派。男性が子育てに参画しないことが「当たり前」化していた裏返しで、保護者活動は女性が取り仕切ることが「当たり前」化していた。そこに「おやじの会」を設立して男性の参画を促そうという提案は、お母さんたちの思わぬ反発を招いたのだ。長い議論の末に設立は承認されたが、私はお母さんたちを説得しながら大きなことに気づかされた。政治などに置き換えると、ちょうど鏡に映したように反対のことが起きているのではないだろうか。

日本の議会における女性議員の割合は世界的に見て圧倒的に少なく、女性の政治参加への意欲や女性の視点に立ったアイディアが政治の表舞台に出しづらい状況が続いている。育児や保護者組織は女性、仕事や政治は男性というように、まるで「セパレートコース」のように人の間を区切る意識が「当たり前」になり、社会のあちこちでラインを超えた協働や共生を生まれにくくしている。協働や共生を阻むセパレートコースの最たるものが、幼い時期からの障がい者と健常者の分離だ。

## 装英で試みる社会貢献活動

装英でインターネット事業部を立ち上げてしばらくして、私はこの事業部で行う梱包作業を障がい者施設に通う知的障がい者の方たちに委託することにした。注文を受けたカーテンなどを梱包し、宅配業者のシールを貼って出荷を準備してもらう作業である。高槻青年会議所の地域おこし活動を通じて障がい者施設を運営する今井さんと知り合い、会社としても障がい者との共生につながる社会貢献に取り組もうと考えたのだ。やがて装英のニュースレターの紙折り作業も手伝ってもらうようになり、ニュースレターには障がいのある子どもとその親御さんが作ったしおりとしおりの由来を伝える簡単な手紙も添えた。

だが、こうして障がい者に作業を委託しはじめた時期、装英のスタッフたちはいい顔をしなかった。

「なんでわざわざこんなことをしなくちゃいけないんですか?」

障がい者との共生社会の実現が必要だと語れば、それに反対する社員はもちろん誰一人いない。だが、「そうはいっても」と抵抗感を示す社員たちと話しているうちに気づいた。受け入れに対する抵抗感の根っこにあるのは、障がい者に対する悪意ではなく、むしろある種の「善意」なのだ。

スタッフたちにしてみれば、相手は障がい者だから気を遣わなければいけないのだろうと思う。だが、腫れ物に触るように手厚くサポートするから仕事ははかどらず、フォローに回る側の気疲れと負担感ばかり増える。作業にミスがあれば注意したいところだが、そんなことをしていいのだろうかというためらいもある。注意できないことは、さらなるストレスになる。とにかく気を遣わなければという思い込みに近い「善意」が積み重なり、それは重荷となって「なんでわざわざ」という不満になるのだ。その裏側にある本当の心理を、ある社員がポロリとこぼした。

「どう接したらいいかわからないんです」

それを聞いて、子どもたちを早期に障がい者と健常者に分けてしまうセパレートコースのことに思い当たった。健常者の立場で言えば、地域で成長していく中で障がい者と付き合う機会は非常に乏しい。幼い子どもの頃から障がいのある子どもとは切り離されて育つから、大人になっても障がい者とどう接したらいいかわからない。だから職場でも、傷つけてはいけないという気持ちだけが先に立ち、遠巻きにしたまま失敗を注意する言葉も成功を評価する言葉もかけることができない。

例えば高槻市内の幼稚園を見ても、園内を突然走りまわったり、癇癪を起こして他の子どもを叩いたりということが続くと、担任の先生や園長先生から療養園に相談するようにうながされる園が少なくない。療養園というのは知的障がいのある子を受け入れる福祉系の施設で、地方によっては「養育園」と呼ぶところもある。多くの親はわが子の育ちに他の子との違いや遅れがあっても一般の幼稚園で他の子たちと関わりながら過ごしてほしいと願うが、そのような子どもの受け入れに消極的な園もあるのだ。だから自分の子どもの育ちに遅れを感じた親は、園で受け入れてもらえないのではないか、転園を求められるのではないかと不安を募らせる。義務教育の学校でも事情は同じで、一般学級には障がい者がいないことが「当たり前」になっているところが多い。彼らは特別支援学級で学ぶことが多いから、大半の子は障がい者とつきあうことを知らずに育つし、障がいのある子も健常者との付き合いを経験する機会を持てない。

これでは経営者が障がい者との協働を呼びかけても、障がい者と接したことがない社員たちは二の足を踏んでしまうわけだ。それは日本中の企業で起きていることではないだろうか。障がい者雇用促進法の規定により、一定以上の規模の企業は定められた割合で障がい者を雇用する義務を負う。法定雇用率を下回る場合、企業は納付金を納めなければならない。これは法律の名前の通り、障がい者の雇用を拡大し、それを通じて共生社会の実現を図ろうという国の政策だ。だが、実際には障がい者を雇用するよりも納付金の支払いを選ぶ企業の方が多い。

養育園や特別支援学級の存在意義を否定するわけではないが、子どもの頃から障がい者と健常者が入り交じって育っていく可能性を広げていくべきだし、相互の触れ合いの場、付き合うチャンスを増やさなければいけない。それがなければ企業の障がい者雇用は進まず、共生社会も実現できない。自分の会社の社会貢献活動に端を発して、私はそのように考えるようになった。この問題意識は常に自分の中にあり続け、別の地域ボランティア活動でも生きることになった。

## 地域ボランティアとして関わる「高槻アート博覧会」

高槻市では二〇〇一年（平成一三年）以来、高槻アート博覧会という大がかりな文化イベントを開催している。高槻市を「アートのまち　たかつき」として発信し、商業地域の活性化と地域のにぎわい作り、若手クリエイターの育成や発掘を図ろうという催しだ。市民参加の実行委員会が企画運営して一一月に開催し、約一ヵ月にわたって街の中心街で子どもたちが描いた巨大絵画が展示されるほか、企業のショーウインドーやフロアなどを借りての中学校の美術部や美術教員有志、高槻市にゆかりのある若手アーティストの作品展示やワークショップなど、アートに関わるイベントを数多く実施する。

私は二〇〇九年（平成二一年）に実行委員会への参加を誘われて以来、企業企画チームリーダーを務めている。地元企業と市民との連携を図りながら、アート企画を生み出そうというチームだ。私を誘ってくれたのは当時の実行委員長で、ある私立幼稚園の園長先生だった。その頃、私は幼稚園の連合会長として「おやじの会」の活動や合同企画に取り組んでいる最中。その活動ぶりを見て、私だったら面白いことをやりそうだと思ってくれたらしい。さらに、この後を受けた次代の委員長は、なんと高槻の私立幼稚園に最初の「おやじの会」を発足させ、それを全園にまで広げようと働きかけた瀧本さんだ。自分の子育てを通じて得たつながりが、地域貢献活動への道を開いてくれた。

このアート博でも、私は地域コミュニティの活性化を意識していくつもの企画を構想して実現してきた。その一つが、市内の中学生たちを対象とする「パラパラ漫画甲子園」という企画。中学生たちが作成して応募したパラパラ漫画をすべて動画化して配信・上映し、投票で優秀作を決めようという参加型企画だ。この企画の中で私は、障がい者と健常者とがアートを仲立ちにして普段とは違う形でつながりを経験するという場面に立ち会うことができた。そのような経験の場が生まれるきっかけになったのは、難病による身体障がい者であると同時に多彩なイラストを描き分けるイラストレーターであり、漫画家でもあるオサさんとの出会いだ。

実行委員会を初めて訪ねてくれた頃、オサさんはアートを自分の仕事にしはじめたばかりだった。彼女はそこに至るまでの自身の歩みや思いを聞かせてくれた。

彼女は高校に入学して間もない一五歳の時、若年性関節リウマチという難病を患う。全身の関節がはれ上がって激痛を起こし、手足の動きが不自由になる病気だ。その苦痛と衝撃を、後に彼女は「私の人生は一度、一五歳で止まりました」と語っている。アーティスト志望だった彼女だが、痛みと障害で学業や日常生活、就労はままならず、ひきこもり生活が一〇年以上にわたって続くことになる。ようやく三〇歳を過ぎた頃、新薬によって痛みを減らすことが可能になるのだが、痛みが軽減されても病気そのものが治るわけではない。そんな彼女にとって、これから何を仕事にして生きていくのか、何を通して世の中とつながっていくのかを見つけるのは簡単なことではなかった。考え抜いた末に立ち返ったのが、自身の原点とも言える漫画だったという。「できないこと」ではなく「できること」を懸命に考えた時、浮かんできたのが子どもの頃に得意だった漫画を描くこと。それを仕事にしようと決めたのだと、オサさんは語ってくれた。こうして自分なりの流儀で漫画やイラストを描いていこうと考えたオサさんは、活動の場を求める中で私たちのアート博を知る。彼女もまた、自分で自分の人生に新しい「いのち」を吹き込み、社会とつながるために模索している最中だったのだ。

彼女にパラパラ漫画甲子園の作品審査に加わってもらうことを決めると同時に、私は思った。彼女の話を企画に参加する中学生たちにも聞かせたい。そこで生まれたのが、オサさんのミニ講演と絵の描き方を伝授するワークショップとを組み合わせた企画だ。障がい者から生き方のヒントをもらい、アートの創作技術を教わるという、普段の学校生活ではめったにない場面。それは、障がい者と健常者がセパレートコースに区切られた中で育ってきた子どもたちが、その境界を超えるという経験の場だった。

その後、オサさんは活躍の場を広げ、企業や個人の注文に応じて似顔絵やイラスト、ロゴマークなどの製作を手掛ける一方、二〇一七年（平成二九年）一〇月からはロサンゼルスで発行されている日刊紙『サン』の中で四コマ漫画『宇宙から見れば』を連載している。リアルなタッチのイラストから戯画化を極めた漫画まで、その作風は変幻自在。つい最近は、ある映画の絵コンテづくりも担当したばかりだという。こうして気鋭のクリエイターとして活躍の場を広げると同時に、彼女は身体障がい者の視点に立って人権講演を引き受け、就労支援事業所の職業指導員としても活動している。いまや彼女は、セパレートコースではなくオープンコースを駆けるランナーなのだ。

パラパラ漫画甲子園にエントリーしてくれた中学生たちの中には、普段はスポーツ活動などで脚光を浴びる機会の少ない子たちも多い。そのような子どもたちが地域イベントの表舞台に登場してくれるというのも、この企画の特徴の一つだ。ある年、一人の不登校の生徒からの作品応募があった。ずっと不登校が続いているのだが、絵を描くのだけは好き。「だからパラパラ漫画甲子園にはエントリーしたい」と思い立った子が描いたその漫画は、期せずしてその年の最優秀作。なかなか人前に出てくる機会がなかったその子が、表彰式会場に姿を見せ、差し出されたマイクの前で挨拶してくれるという劇的な一幕は、私にとっても忘れられないできごととなった。

さて、パラパラ漫画甲子園以外にも、私はアート博覧会に絡めてさまざまな企画にチャレンジしてきた。ある年は台風被害を受けた山間部の体験型観光施設でアート企画を開催し、別の年には衰退が目立つ地元商店街であのシャッターアートを展開するという具合に、アート博を市街地中心地以外の地域の活性化にも結び付けようと努めてきたのだ。その一部始終を語るだけで一冊の本になりそうなほどさまざまな活動を続けてきた根っこにあるのは、「つながりとにぎわい」を自分が育った地域にどうやって取り戻すかという問いだ。

この問いに簡単な答えはない。例えば、アート博の協賛金を集めること自体、実行委員にとっては難題だ。一過性のイベントと思えば協賛金を出してくれる企業経営者も、二年、三年と続けて協賛金をお願いすると「まだやるのか」と言いはじめる。一つのイベントを開催したからといって、地域企業の売り上げが伸びるとは限らない。おまけにこの日本では三〇年以上に及ぶ景気低迷が続き、多くの企業に余裕はない。父が他界してから今日までのあいだ、企業の業績も人々の賃金も上がっていないのだ。そんな厳しい時代の中で起きている地域コミュニティの危機は、独り暮らし高齢者や子育て世帯だけでなく、八〇五〇問題と呼ばれる高年齢のひきこもり問題、子どもの貧困やヤングケアラーの問題など、数多くの問題とも結びついている。

こう書くと、楽観できる余地はどこにもないように思えるが、私は山積する地域の課題と向き合う自分自身の人生を信じている。かつて突然ブレーカーが落ちて家中の照明が消えたような闇に閉ざされた時、高校生に過ぎなかった私は自分自身に問い続けた末に父の会社を「継ぐ」という人生の目標、生きる意味を掘り当てることができた。やがて危機の中にある装英を継いだ時、駆け出しの経営者である私は現場での自分の一挙手一投足をふり返りつくした後に、自身の強みを生かした独自の業態を編み出すに至った。その時その時の強い思いで自分に問い続けた時、答えはいつも向こうからやって来た。装英を軌道に乗せるという課題を成し遂げた今もまた、私はある時は幼稚園関係者に会い、別の時は地域おこし事業の担い手を訪ね、さらには自分のこれまでの経験を講演の場でお話しするという日々の中で、自分が地域コミュニティの再生、地域の活性化のために何ができるかを常に自問している。強い思いで自分に問い続ければ、いつか答えが見えてくると信じて。

# エピローグ

## 路地に敷かれた絨毯

二〇一八年（平成三〇年）一〇月二一日に開催された「山手一番街　ハロウィン　ボウリング大会」。

古びた商店街の狭い路地に、鮮やかな赤の絨毯が敷かれている。アーケード街の灰色じみた通路に映える真紅のロングカーペット。ハリウッドのアカデミー賞授賞式の時にセレブたちが歓声を浴びながら踏みしめていく会場入り口、とまではいかないが、ここ山手一番街のロングカーペットの周りにもけっこうな人だかりができている。

ロングカーペットの端っこ近くに目をやると、そのあたりに群がっているのは普段着とは違うかっこうの子どもたちばかりだ。五歳ぐらいの女の子が、古いアーケード街には場違いなひらひらドレスで着飾っている。その隣に立つ三歳か四歳の女の子は金髪のウィッグをかぶり、フリルのついたスカート姿の背中には大きなチョウチョの羽。耳つきカチューシャをした子もいれば、ピカチュウの着ぐるみの子も。

やがて大音響で音楽が鳴りはじめ、居合わせた人々の間からリズムに合わせた手拍子が起こる。ロングカーペットの端っこに、コスチュームに身を包んだ女の子が一人進み出た。軽妙なノリでその女の子にスタートをうながす司会者。女の子は真紅の絨毯に足を踏み出した。ドレスに身を包んだこの子は小学生だろうか。手拍子に合わせて巧みにステップを踏み、小さな

ハロウィンファッションショー

ターンを繰り返しながら前に進むあいだ、両手もしなやかに動き続けて止まることがない。きっと、ダンスでも習っているのだろう。カーペットの反対端まで来ると、四方に自分のダンスとコスチュームを魅せながら向きを変える。こうして巧みなダンスを交えながら、女の子はロングカーペットを一往復する。大きな拍手が沸き起こって一息ついたところで、次の子どもがロングカーペットのスタート位置に立つ。この子の頭には、小さな体の三分の一はありそうなほど高いとんがり帽子。ハロウィンの仮装の定番とも言えるコスチュームだ。その後ろにも、仮装ファッションショーの出番を待つ子どもたちがずらりと並んでいた。その行列を見た私はホッとしていた。サクラを準備する必要なんか、全然なかった。

アーケード街の路地を使った仮装ファッションショーには三五組もの子どもたちが参加し、二〇〇名以上のギャラリーの前で思い思いの仮装を披露した。本物のファッションショーさながらに巧みにしなを作って歩く子、とぼとぼ歩ききるのが精一杯の小さな子ども。どの子にも大きな拍手が送られて、ショーは思った以上の盛り上がりだった。他にも通路の斜面を利用したボウリング大会、スタンプラリー、ミュージシャンの演奏、そしていくつもの出店。お祭りは成功だった。

商店街で開催される地域のお祭り。珍しくないように思えるが、この山手一番街でお祭りが催されるようになったのはほんの数年前。半世紀近く前のオープン以来、この商店街にお祭りというものはなかった。そこにお祭りが生まれたきっかけは、アート博の一環として実現した、あのシャッターアート企画だった。

## 山手一番街のお祭り

「山手一番街でもお祭りをやってみませんか」

お祭りは地域の人々を商店街に呼び戻すきっかけを生み、準備過程を楽しむことで店主たち同士のきずなも強める。そう思って声をかけるのだが、なかなか色よい返事はもらえなかった。商店主たちの多くが七〇歳代にさしかかり、「もうしんどい」。お金をつぎ込んでまで、今から新しいことをやる気にはなれないと言うのだ。

そんな空気を、二〇一三年（平成二五年）、一四年（同二六年）と連続開催したシャッターアート企画が変えた。最初は店のシャッターがめちゃくちゃにされるのではないかと及び腰だった店主たちだが、九中の生徒たちが描いたシャッターアートはくすんだ感じの店先の雰囲気を明るく変えただけでなく、商店街が外の若い世代とつながるきっかけともなった。シャッターアートを最初に開催した時はコンペ方式で、商店主たちに中学生たちが提示したデザイン案の中から実際にシャッターに描く絵を選んでもらった。そういうやり取りを通じて、若い世代の力を借りて新しいものを持ち込むというパターンが生まれたのだ。変化はそれだけではない。シャッターアートを経た商店街には、塾など数軒の新規開店があった。衰退の一途に見えた古い商店街の人々にとって、新規開店というのは驚きだった。

こうした変化を経験した古参の商人たちも、お祭りの開催に前向きになった。自分たちが準備に動くことまではできないが、若い人たちで企画運営してくれるのだったら。そう言って、商人会の予算を使ったお祭りの開催が最初に実現したのは二〇一五年（平成二七年）のことだ。夏祭り、ハロウィン、クリスマスというように時期や名目はさまざまなのだが、新型コロナウイルスの感染拡大で中断を余儀なくされる前の一九年まで、お祭りは足かけ四年も続いた。九中の吹奏楽部に演奏してもらったり、お母さんたちの和太鼓チームに登場してもらったりと、古い商店街は地域住民の日常の活動ともつながりはじめたのだ。

きっかけとなったアート博のシャッターアート企画のテーマは、「シャッター街になってしまった商店街に九中生二二〇人で命を吹き込もう」だった。店舗が増え、古参の商人の気分が変わり、お祭りの日には路地ににぎわいが生まれる。その様子を見て私は思った。中学生たちが、本当に商店街に「いのち」を吹き込んでくれた。地域ボランティアとして取り組んだアート博は市街地中心地域の活性化という従来のねらいを超え、周辺部の地域コミュニティの再生にも貢献できる。ささやかだが、その一つの証しを見つけることができた。

## 五〇年前の「コミュニティバス」

東城山町の造成地に次々と家が建ちはじめた頃の話。この地にいち早く自宅兼社屋を建てた後も、父は千里ニュータウンの仕事を数多く引き受けていた。拡大を続けるニュータウンの家々に、注文を受けたオーダーカーテンを取り付ける仕事だ。あの「小さなガッチャマン」が乗せてもらったセドリックのバンが家にやってくる前、父はバスと電車を乗り継いで千里中央あたりの現場に向かった。メーカーが車を出してくれる時は便乗させてもらえばいいのだが、いつも車が出るとは限らない。母が縫製した新品のカーテンは風呂敷に包んで提げて行くとして、厄介なのは細長いカーテンレールだった。

ある日、父は四メートルもの長いカーテンレールを片手に持ち、もう一方の手にカーテンの入った風呂敷包みを提げて家を出ようとしていた。新興住宅地と駅とを結ぶ路線バスは開通していたから、まずは歩いて坂を下り、最寄りのバス停まで。そのバスで駅まで出る。

「じゃあ、行って来るわ」

真ん中を握って持つ長いカーテンレールは、自身の重みでしなっている。この長いレール、とてもではないがバスに持ち込むことはできない。それを見て、送り出す母が父に尋ねる。

「あなた、それ、どうやって持って行くの?」

父は笑って答える。

「いや、大丈夫だから。なんとかするよ」

そう言って家を出た父は、本当になんとかしたらしい。その日の現場作業を終え、何事もなかったかのように帰宅した父を見て母は知りたがった。「なんとかする」と言っていたけれど、いったいどうしたのだろう。

「ねえねえ、どうやって持って行ったの?」

父が語った「なんとかする」は、こんな話だ。

バスがやって来た。出勤サラリーマンや学生たちが乗り込んで行く。父はバスの傍らにカーテンレールを置き、自分もバスに乗り込むと大声で車中の通勤客たちに声をかけた。

「窓際のお客さん! ちょっとすみませんけど」

窓際に座る通勤客たちに手伝ってほしいことを一通り説明した父は、乗りかけたバスを降りて車体の横に立った。頼んだ通り、バスの歩道側の窓が次々に開き、車中から何本もの手がにゅっと伸び出てくる。窓際に座っている乗客たちが窓から差し出した手。バスの傍らで待ち構えていた父は、その何本もの手に四メートルのカーテンレールを握らせた。前後合わせて四人か五人の手だっただろうか。それぞれがしっかりとレールの各部を握る。これでよし。父はカーテンが入った風呂敷包みを抱え、颯爽とバスに乗り込む。

乗り込む時、父は運転席に元気よく「じゃ、行きましょうか」とでも言って運転手を苦笑させたかもしれない。あるいはまた、「そんなら皆さん、よろしくお願いします！」と、車中に大きな声をかけたかもしれない。声をかけられた窓際のサラリーマンたちも、いったい自分たちは何をさせられているんだろうと思いながら、やっぱり笑うほかなかっただろう。こうして、窓から伸びた何本もの手がカーテンレールを提げた不思議なバスが、朝の街道を駅に向かった。いったい自分が何をしているのかわからないけれども面白い。窮屈な通勤バスが小さなイベントの場になり、自分がその「面白い」の当事者になった気がする。サラリーマンたちは、そう思ってくれたのではないだろうか。

大都市近郊の新興住宅地から最寄り駅まで走る通勤バス。窓から何本もの手が伸びてカーテンレールを提げたまま、バスは新しい家が立ち並ぶ街を駆け抜けていく。課題を抱えた者が声をかけ、その場に居合わせたみんなでなんとかする。何本もの手でカーテンレールを提げて走る珍妙なバスは、小さなコミュニティだったかもしれない。

父の思い出話をふり返りながら、私は自分自身に問う。約半世紀を経た今、自分はこの地域社会にどんなバスを走らせることができるだろうか。

# あとがき

本書を締めくくるにあたり、まずは本文中に記さなかったことから述べておきたい。

二〇一五年（平成二七年）頃、私は以前からお付き合いのあった方々から次期高槻市議会議員選挙への立候補を熱心に薦められた。父の事故以来の危機を乗り切って装英の経営を安定させ、さまざまな地域貢献、社会貢献に取り組んでいることが評価されてのことだ。

悩んだ末、私は薦めにお応えして次期選挙に立候補することを決めた。人生の半ばにさしかかろうという時期にあたり、これまでの自分の経験を生かして市民のため、社会のために尽くすのも自分の務めであり運命かもしれないと思った。

ただ、市議会議員は市民に責任を負う仕事であり、片手間でできることではない。家族とも相談を重ねた私は装英の経営を妻・江沢千恵（五代目代表取締役）に委ね、さらにその先の後継者として山本健太（六代目代表取締役）に思いを託した。自分自身は顧問として装英の事業拡大を支援していこうと決めた。二〇一九年（令和元年）の市議会議員選挙では、多くの市民のご支持を得て当選。以来、これまでの自分の経験を生かしながら教育や福祉を中心に幅広い分野で議会活動を続けている。

この市議としての政治活動については、本書の中で敢えて触れていない。本書では高校生時代から近年の地域貢献や社会貢献に至るまで、江沢よしという一個の人間がどのように歩んできたのかを自分自身でふり返るとともに、読者の皆さんに少しでも資するところがあれば汲み取っていただきたいと考えたからである。


半生をふり返るということは、これまで自分がいかに多くの方々に支えられてきたのかを再確認するということでもあった。

装英を継いで間もない時期、企業経営者の集まりに顔を出したことがあった。集まった多くが六〇歳を超える重鎮ばかりで、二〇代の若い経営者など私だけ。会合の席で、私はぽつんと一人、離れたところに縮こまっていた。ところが、その集まりの中に父をよく知る経営者がいらっしゃって、私を見つけて手招きしてくださった。

「ヨシくん、こっちおいで。一人でさみしいやろう」

心細さでいっぱいだった私が、声をかけていただいたことでどれだけ楽になったことか。それは本当にありがたい一言だった。

高校時代に始まり職人修業、会社経営、保護者活動、そして地域貢献・社会貢献の各場面で、私はこのように数々の方々に手を差し伸べられながら歩んできた。支えてくださった方があまりに多く、お一人お一人名前を挙げることはできませんが、そのすべての方々にこの場を借りて御礼申し上げます。

本文中でも述べたように、父の突然の死に見舞われた私たち姉弟を支えてくださったのは父方、母方それぞれの親戚の方々だ。その助けがなければ、まだ若い私たちだけでこの時期を乗り切ることなど到底できなかった。さらに、自分も辛さを抱えながら私の先に立って歩いてくれた姉・幹、会社経営から地域へ、政治へと活動の幅を広げてきた私の生き方を理解してくれた妻・千恵がいてくれたからこそ私の今日がある。これら身近な方々の支えのすべてにも感謝したい。ありがとうございました。そして、これからもどうぞよろしくお願いします。

最も深い悲しみと辛い治療生活に耐え、奇跡の回復を遂げてくれた母。その奇跡と奮闘を前にしていたからこそ若き日の私は見失いかけた自分の人生を取り戻したとも言えるし、装英も息を吹き返すことができた。つい先頃装英を引退した母だが、これからも私やその家族の歩みを見守ってくれることを願っている。

今、私はこの高槻市で生まれ育った自分だからこそできる地域貢献、社会貢献に挑み続けている。それは、いつまで市議を務めさせていただけるかに関わりなく、自分が残る人生をかけて取り組むライフワークだ。いつの日か、その活動についてもふり返り、皆さんにご報告できる日が来るかもしれない。今は地域社会に対する自分の夢に向かって、ひたすら前に進もうと思う。江沢よしの今後を見守っていただけたら幸いである。

**著者プロフィール**

**江沢　よし**（えざわ　よし）

1972年大阪府高槻市生まれ、同市在住。
株式会社装英代表取締役を25年務め、現在は顧問。
障がい者就労支援、児童養護施設、子ども食堂、PTA活動等、
地域まちおこし、ボランティア活動に15年以上携わる。
＜講演実績＞
難波市民学習センター　いちょうカレッジ
大阪府技能士会
滋賀県室内装飾事業協同組合青年部・技能士会

**乗り遅れたホームの上で**

2023年１月15日　初版第１刷発行

著　者　江沢 よし
発行者　瓜谷 綱延
発行所　株式会社文芸社
〒160-0022　東京都新宿区新宿1－10－1
電話　03-5369-3060（代表）
03-5369-2299（販売）

印刷所　図書印刷株式会社



ISBN978-4-286-23393-2　JASRAC 出 2208802－201